LES ÉVÊQUES

AU XVIIIe SIÈCLE

EN LANGUEDOC

THÈSE DE DOCTORAT

Présentée à la Faculté des Lettres de Montpellier

Par l'Abbé Valentin DURAND,

MONTPELLIER

IMPRIMERIE DE LA MANUFACTURE DE LA CHARITÉ

1907

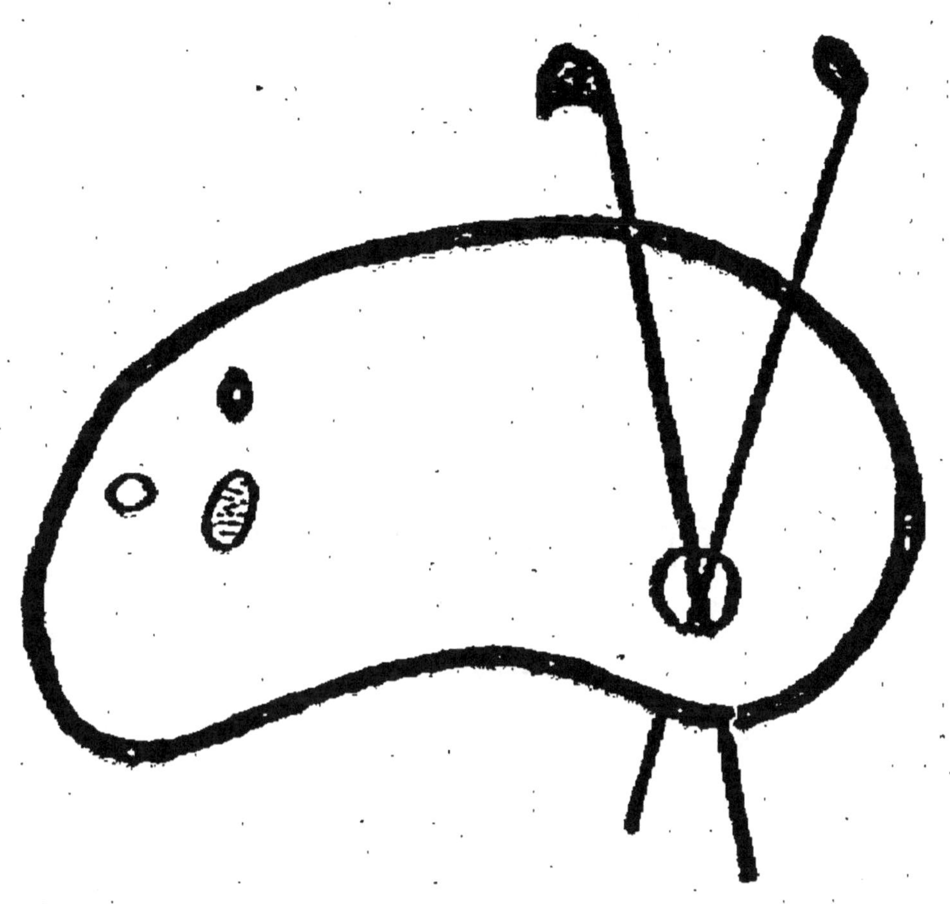

FIN D'UNE SERIE DE DOCUMENTS
EN COULEUR

LES ÉVÊQUES

AU XVIIIᵉ SIÈCLE

EN LANGUEDOC

LES ÉVÊQUES

AU XVIIIᵉ SIÈCLE

EN LANGUEDOC

— ✦ —

THÈSE DE DOCTORAT

Présentée à la Faculté des Lettres de Montpellier

Par l'Abbé Valentin DURAND,

MONTPELLIER

IMPRIMERIE DE LA MANUFACTURE DE LA CHARITÉ

1907

LES ÉVÊQUES

AU XVIIIe SIÈCLE

EN LANGUEDOC

Au Moyen-Age le système politique de la monarchie française reposait en grande partie sur l'étroite union du clergé national et de l'État. Les évêques furent les agents les plus actifs et les auxiliaires les plus éclairés dans la lutte soutenue par le roi contre l'anarchie féodale. Ils remplirent les assemblées et les conseils du Gouvernement et lui fournirent d'inépuisables ressources pécuniaires. Cette alliance du clergé et du pouvoir civil passagèrement compromise, pendant les luttes séculaires des gallicans et des ultramontains, ne fut jamais dénoncée. Sa disparition eût causée des malheurs irréparables. Le roi resta, jusqu'en ces temps modernes étroitement uni à l'Église, quoique déjà dès le xviie siècle cette alliance eut subi des transformations. Aux xviie et xviiie siècles, il reste encore une sorte de ministre de Dieu, revêtu d'un caractère sacerdotal par son sacre, l'allié de l'Église, et en cette qualité le défenseur naturel de la doctrine catholique et l'exécuteur des arrêts rendus par les papes, les évêques et les Conciles. Ce n'est point que le concours de la puissance temporelle fût le fondement de l'acquiescement intérieur des fidèles aux décisions de l'autorité spirituelle. Il ne faudrait pas le croire. Les rois de France ont souvent déclaré qu'ils n'étaient pas investis d'un droit d'examen et d'inspection sur les matières du dogme et qu'ils n'entendaient pas soumettre le fond de la doctrine à l'examen de la puissance temporelle. Dans les premiers siècles du christianisme, les évêques ne demandaient à l'Empereur romain que de joindre son autorité à celle de l'Eglise pour l'appuyer et la fortifier. Louis XV parlait donc conformément aux traditions capétiennes quand il observait, dans sa réponse au Parlement du 21 août 1737, que le concours du pouvoir civil n'était pas d'une nécessité absolue à la religion, mais du moins très utile. C'est dans cet esprit qu'il intervint, pour une si large part, dans les disputes du Jansénisme, se servant de son autorité incontestée pour éviter à l'Eglise la douleur d'un schisme qui paraissait inévitable, frappant avec dureté les évêques rebelles à l'autorité spirituelle, les rappelant aux devoirs de leur état et mettant, à l'occasion, leurs biens sous séquestres. Il s'occupait des détails de l'administration ecclésiastique avec autant de sollicitude qu'un évêque lui-même, et ce roi débauché veillait au maintien de la vraie discipline de l'Eglise, évoquant à son conseil les jugements des officialités comme ceux des tribunaux civils, quand il ne les croyait pas conformes aux règles de la vraie tradition.

En retour l'Episcopat, qui reconnaissait cette puissance ecclésiastique que le roi devait à la vertu de son sacre, n'essaya jamais de l'attaquer, malgré les nombreux motifs qu'il eut de s'en plaindre et les abus que la royauté ne manqua pas de commettre en exerçant ses droits. C'est que l'évêque au XVIIIe siècle, et la royauté, se sentaient liés l'un à l'autre, par des habitudes séculaires et pour leur prospérité. Aussi dans l'ancien régime on ne pouvait concevoir une séparation de l'Eglise et de l'Etat. Cette idée propagée vers la fin du XVIIIe siècle et trop hâtivement réalisée par la Révolution ne serait pas entrée dans l'esprit d'un français, aux temps de Louis XIV et de Louis XV. Le clergé se trouvait si étroitement lié au régime de la Monarchie absolue que le sort de l'un semblait dépendre du sort de l'autre. En vertu de cette union, dont les origines étaient lointaines, les deux puissances temporelle et spirituelle se portaient mutuellement secours : le bras séculier se mettant au service de la religion, celle-ci apportant ses lumières et son crédit. Aussi était-il naturel que les Évêques dont la fonction se borne aujourd'hui aux actes de l'ordre ecclésiastique, fussent à la fois ministres de Dieu et personnages politiques. Ils possédaient le Gouvernement des églises et participaient à celui du royaume. De plus, ces hommes consacrés à la religion possédaient en qualité d'évêques des fiefs qui les engageaient dans le monde laïque de la féodalité. Chefs spirituels et chefs temporels, prêtres et seigneurs ils touchaient à la fois à deux mondes très différents.

Ce double caractère plus accentué au Moyen-Age que dans l'époque que nous étudions avait survécu à toutes les vicissitudes et aux transformations des siècles. La royauté absolue qui avait fait tout plier devant elle et qui s'était efforcé d'absorber et de résumer en elle toute l'autorité n'avait pas néanmoins entendu détruire complètement des mœurs si anciennes. Les évêques portaient encore dans une main la crosse, dans l'autre l'épée ; non point que celle-ci leur servit à aller sur le champ de bataille ; mais ces deux symboles représentaient le double caractère de leurs fonctions. Les affaires religieuses et les affaires temporelles les occupaient en même temps. Les diocèses formaient une circonscription religieuse et administrative. Ils y remplissaient en quelque sorte le rôle de préfet de l'Ancien Régime, et à ce titre se mettaient en relation avec les représentants du pouvoir royal. De ces réflexions nous pouvons tirer la division de ce travail. Nous verrons dans l'Evêque : 1° le chef spirituel d'un diocèse, et 2° le Seigneur féodal ; 3° Il sera intéressant de savoir quelles relations s'établirent entre l'évêque et la bourgeoisie des villes; comment celle-ci supporta la puissance de celui-là ; 4° Quelle attitude prenaient les Intendants et les Evêques les uns à l'égard des autres et comment ceux-ci aidaient ceux-là à gouverner et à administrer les provinces ; 5° Et comme le Languedoc possédait des Etats où l'Episcopat joua un rôle si important, nous verrons la part qu'il y prit aux affaires du royaume, nous fournissant l'exemple le plus frappant du double rôle que les évêques de l'Ancien Régime remplissaient avec intelligence et dévoûment. Dans cette province, plus que dans les autres leur activité s'étendit sur tous les objets de l'administration civile : ils intervinrent plus efficacement entre leurs diocésains et les tout puissants représentants du roi : les Intendants ; ils paraissent y avoir conservé plus d'indépendance qu'ailleurs et d'initiative soit dans les assemblées provinciales, soit dans les assemblées plus restreintes, mais fort importantes, des assiettes qui répartissaient l'impôt dans les diverses paroisses. Ainsi envisagés sous les divers aspects que nous peindrons, tels que les documents les représentent, les prélats de l'Ancien Régime nous apparaîtront avec leur vraie physionomie semblable à ces tableaux de maîtres du XVIIIe siècle où les traits de l'homme d'Eglise s'unissent à ceux de l'homme mêlé aux affaires du monde et de la politique.

CHAPITRE PREMIER

L'ÉVÊQUE, CHEF SPIRITUEL DU DIOCÈSE
AU XVIIIe SIÈCLE

§ 1 et 2. — L'officialité, la Chambre ecclésiastique : leurs rapports avec les juridictions civiles qui diminuent ou absorbent leur compétence.
§3. — Services publics : Enseignement, assistance, double but des visites pastorales : intérêts matériels, intérêts spirituels.

§ 1. — L'Officialité

Le Concordat de 1516 attribuait au roi la nomination des évêques que le pape confirmait avant la Consécration. Le nouvel élu prêtait serment, s'engageant à défendre les droits du roi et à ne rien faire contre son autorité. Il devenait alors, à la fois, chef spirituel d'un diocèse et chef temporel d'un territoire déterminé. Il appartenait donc, en même temps, à la société civile et à la société féodale. Comme chef spirituel, il détenait des pouvoirs d'ordre judiciaire et administratif qui constituaient ce qu'on appelle « la juridiction ordinaire ». La loi civile reconnaissait, au xviiie siècle, les décisions qu'il prenait en cette qualité : L'édit de 1695 enjoint aux tribunaux laïques de lui donner l'aide dont il aura besoin pour l'exécution des censures et de procéder à la punition des coupables. Investi de sa juridiction par l'Eglise, soutenu par le bras séculier, l'évêque impose son autorité sur tous les diocésains, laïques et ecclésiastiques, chapitres, communautés non exemptes, etc., et il requiert l'obéissance à ses ordonnances de la part de tous les fidèles. Il exerce sa juridiction par un tribunal établi, auprès de lui, dans son palais épiscopal. Les membres de l'Officialité sont nommés par lui ; il les révoque quand il lui plait. Ce sont l'Official, le seul juge représentant l'évêque, le promoteur, qui remplit la fonction de ministère public et le greffier. — De même que le procureur juridictionnel des justices seigneuriales ne pouvait être cité personnellement dans un tribunal supérieur, ainsi, le promoteur n'était pas autorisé à représenter l'évêque devant l'officialité du Métropolitain. En cas de citation, c'est le prélat lui-même qui doit comparaître. Celui-ci n'a pas de juridiction immédiate dans les diocèses de ses suffragants, car il y a une différence entre ce qui dépend essentiellement du caractère épiscopal, c'est-à-dire, la juridiction et ce qui appartient aux droits purement honorifiques. Ceux-ci sont des marques de supériorité, qu'il exerce où il veut, dans l'étendue de sa province, et qui n'emportent aucun acte de juridiction, soit volontaires, soit contentieuses. En première instance toutes les affaires d'un diocèse ressortissent à l'official de l'ordinaire. En cas de négligence de celui-ci ou en cas d'un refus injuste de sa part, l'Archevêque Métropolitain n'a le droit de connaître que par la voie de l'appel. En réalité, pendant le XVIIIᵉ siècle, l'officialité de la Métropole jugea sur toutes sortes d'affaires. Celui de Narbonne, en particulier, à l'époque des troubles du Jansénisme, fut souvent autorisé par le Saint-Siége à intervenir dans la collation des bénéfices du diocèse de Montpellier, à requérir la signature du Formulaire, bien que l'évêque de cette ville n'eût pas été dépouillé officiellement de sa juridiction, ni même censuré. Il est même arrivé que le Souverain Pontife, faisant fonction de législateur, ait autorisé un simple évêque, celui de Nîmes, par exemple, à faire acte de juridiction dans le diocèse voisin de Montpellier.

Dans une circonstance pareille, Mgr J. Colbert, rappela au Souverain Pontife l'irrégularité de cette attitude que condamnaient les principes et les usages de l'église anglicane.

Enfin, en 1729, un prêtre, docteur en théologie, reçoit du Pape l'institution d'un canonicat et d'une prébende du chapitre Saint-Pierre. Mais Benoît XIII lui ordonne de s'adresser, pour obtenir le visa ou « forma dignum », à l'Evêque de Nîmes, non à Colbert son évêque propre. « Et committatur, dit le Pape, Episcopo Nemausensi se uejus officiali in forma dignum antiquâ ». Aux yeux du quesnelliste et gallican Colbert, le Souverain Pontife blessait les règles les plus sacrées. Aussi, d'accord avec le nouvel élu, il exerça ce qu'il croyait son droit, et lui-même contresignant les lettres apostoliques ajouta au procès-verbal la protestation suivante : « Cumque dicta clausula contraria sit libertatibus Ecclesiae gallicanae et usibus hujus regni, juxta quos executio signaturarum apostolicarum committi debet episcopo seu *officiali* illius diocesis in quo beneficium est situm. Nos igitur ratione dignitatis nostrae tibi praefato praesenti, sufficienti, capaci et idoneo a nobis reperto praedictum Canonicum et praebendam Contulimus et donavimus ». Ce fait se présente fréquemment, dans l'histoire du XVIIIᵉ siècle. Ce qu'il faut y remarquer, c'est que Colbert n'étant pas condamné avait le droit pour lui, strictement parlant. Les évêques même qui ne trempaient pas dans ses idées janséniennes pensaient comme lui en ce cas et approuvaient, au moins, en secret, sa conduite. Tels étaient les principes d'après lesquels l'o fi cialité jugeait depuis sa création en France.

Mais si les lois canoniques qui réglaient la procédure de

l'officialité, si la forme de ce tribunal n'avait pas changé, depuis le moyen-âge jusqu'au temps que nous étudions, sa compétence avait beaucoup perdu de son extension. Autrefois vers le xiiie siècle, quand il touchait à son point d'apogée, il connaissait de toutes les affaires civiles ou criminelles où un clerc était intéressé. Lorsque un procès s'élevait sur un objet qui touchait à la religion de quelque manière, comme les mariages, les testaments, les fautes publiques de blasphèmes, etc., etc., c'est l'évêque qui devait prononcer. Mais progressivement le roi attira au parlement ou à son Conseil les procès de cette nature, jusqu'à ce qu'enfin, au xviiie siècle, tout ce qui restait de compétence laïque a l'officialité était définitivement passée aux juridictions royales. Tandis que, autrefois, celles-ci se plaignaient des ingérences du clergé dans leurs fonctions; avant la Révolution, les plaintes non moins amères que celles qu'elles formulaient, se firent entendre du côté des évêques dépossédés et envahis. Par une usurpation étrange, indice d'un trouble profond dans la société, les parlements lors des disputes janséniennes, prétendirent régler l'administration des sacrements, regentèrent les évêques, confisquèrent le temporel de ceux qui résistaient à leur usurpation et se prirent pour un concile permanent. Cette ingérence laïque venait de loin. C'est au moyen de toutes sortes de subtilités d'avocats retors, que les magistrats ont diminué progressivement et ruiné la juridiction ecclésiastique. Deux siècles avant la Révolution, ils inventèrent le procédé de l'appel comme d'abus qui, d'abord destiné à réprimer les abus notoires, s'appliqua à tous les cas imaginables. Il n'y avait point, au xviiie siècle de faits relevant de l'officialité qui ne fussent susceptibles d'être portés soit au Parlement, soit même à un tribunal inférieur. Les magistrats trouvèrent d'autres stratagèmes pour miner la juridiction épiscopale : les cas royaux, la destruction du possessoire et du petitoire, etc., etc., qui font plus d'honneur à leur esprit qu'à leur droiture. Il y eut comme une conjuration de la magistrature qui, faisant entendre aux oreilles des évêques le mot magique de « libertés gallicanes, » les étourdissait et liait les prélats à son pouvoir tyrannique. Les magistrats firent si bien, ils usurpèrent si habilement et si largement, que dans le cours du XVIIIᵉ siècle ils étaient devenus des juges ecclésiastiques à la fois et civils, ne laissant aux évêques et au clergé que « le droit de faire le « saint-chrême et l'eau bénite » (1) selon l'ironique expression de de Maistre. Ces demi-calvinistes s'érigèrent en Pères de l'Eglise catholique, interprétant à leurs façons les règles canoniques et reprochant aux Pasteurs attiédis d'ignorer leurs devoirs. D'ailleurs, il faut avouer que les Evêques eux-mêmes et les clercs n'hésitaient pas à recourir fréquemment aux tribunaux laïques pour en obtenir justice, les uns contre leur supérieurs, les autres contre leurs subordonnés. Il parait donc que par une évolution fatale, le mouvement vers la sécularisation des matières autrefois réputées spirituelles et jugées par les officialités fût favorisé par l'autorité ecclésiastique elle-même. Ce n'est donc pas sans un vif étonnement que nous voyons des historiens, modernes et contemporains, du moins quelques-uns, ne se faire aucun scrupule d'écrire des propositions comme celles-ci : Au XVIIIᵉ siècle « outre que les clercs non seulement pour les cas religieux, mais pour les procès civils qui s'élevaient entre eux n'étaient justiciables que des officialités... les procès relatifs aux évéchés, étaient soustraits aux tribunaux de droit commun ? » (2) La première

(1) J. de MAISTRE, *Du Pape*, liv. II, Chap. XVI.

(2) DEBIDOUR. — *Histoire des rapports de l'Eglise et de la France de 1789 à 1867* ; p. 17.

partie de la proposition est fort contestable. Il arrivait, en effet, constamment, les cas en sont innombrables, que lorsque deux juridictions ecclésiastiques entraient en conflit, par exemple, le chapitre cathédral et l'évêque, l'un appelait au métropolitain, l'autre n'hésitait pas à porter requête soit au parlement de la province, soit même au sénéchal du lieu le plus proche. Il suffirait, pour s'en convaincre, de parcourir les procès-verbaux des chapitres, des officialités et bon nombre de documents relatifs au clergé (1).

Il est remarquable, d'ailleurs, que personne, parmi les intéressés, ne réclamait. On trouvait, au contraire, le procédé légitime. Si l'on voulait même aller plus loin, il serait permis de prouver que les juges laïques, des sénéchaussées ou des baillages, enhardis par les exemples audacieux, que donnaient les Parlements au XVIII⁰ siècle, ont bouleversé toutes les règles juridiques au détriment des justices épiscopales reconnues par la loi. Le fait suivant très curieux est très instructif en cette matière.

(1) Un exemple entre mille :

L'évêque de Montpellier, Mgr de Charancy ayant suspendu de ses fonctions le sieur Cadillac, curé de Baillargues, et mis à sa place un nouveau desservant, nommé Fourès, le chapitre se plaint de l'abus de l'évêque qui n'avait pas droit de collation, Ballargues appartenant à la Mense capitulaire. L'official répond que le prélat avait dû faire cette nomination sur le refus des chanoines. Ceux-ci conduisent Cadillac à se pourvoir au Parlement de Toulouse. D'autre part, les Consuls de la paroisse refusent de remettre les clefs du presbytère à Fourès et protestent que le seul curé est toujours Cadillac. Les deux prêtres présentent chacun une requête à l'Intendant. Le sénéchal à son tour est saisi de l'affaire par Cadillac qui est sur le point de gagner son procès : mais l'Intendant, le 2 mai 1744, ordonne que les consuls remettront les clefs de la maison curiale à Fourès, sauf à eux de conserver une partie de la maison pour y renfermer les meubles de Cadillac.

Le Conseil du roi auquel l'Évêque avait porté l'évocation de l'affaire jugea définitivement en faveur de Fourès, conformément à l'ordonnance de l'Intendant. — *Arch. départ.* C. 501.

L'évêque d'Agde, Mgr de la Chastre, avait nommé curé de Saint-Louis de Cette, un abbé Causse, frère du célèbre fanatique, le « frère Augustin » connu pour ses excentricités au cimetière de Saint-Médard (1). En 1741, des accusations graves pesèrent sur lui et firent une telle impression sur l'évêque qu'il impétra des lettres de cachet pour le faire incarcérer. Le comte de Saint-Florentin les lui accorda. L'accusé fut enfermé à Brescou (1745). Un an après, le croyant corrigé, le prélat le réintégra dans ses fonctions et lui permit de revenir dans sa paroisse en 1747. Mais les accusations ne tardèrent pas à se produire et à prendre un caractère des plus graves. L'évêque donna des ordres à son official qui se transporta à Cette avec le promoteur pour y entendre les témoins. Mais à peine le juge eût-il commencé l'interrogatoire, que le menu peuple s'ameuta, courut à l'endroit où il logeait, entra jusque dans la salle de l'auditoire et lui fit des menaces. L'official fut obligé de partir. Peu après, l'évêque revint à la voie de la procédure légale, mais inutilement, car les mêmes troubles se produisirent. Le Commandant de la ville fut prié par l'official de lui prêter main forte. Mais il le lui refusa, ne se croyant pas autorisé. Le juge d'église seul compétent pour cette procédure fut honteusement chassé et rentra à Agde. En ce moment même, l'abbé Causse, au mépris des règles les plus certaines en matière d'information et quoique accusé devant son juge naturel n'avait pas craint de présenter une requête au Sénéchal de Béziers. Il se plaignait d'avoir été diffamé à l'occasion de la procédure de l'official. Ce qui est plus singulier que la conduite de cet abbé ; c'est celle du Sénéchal qui s'empressa d'envoyer à Cette un commissaire

(1) *Arch. Départ.* C. 511. — Il se disait Élie en personne, le même qui avait vécu du temps d'Achab et de Jézabel, et se faisait suivre à Paris comme un prophète.

pris parmi ses conseillers. Quand celui-ci arriva, le promoteur encore dans cette ville lui déclara par acte authentique que sa procédure serait irrégulière ; et que tout au plus il pouvait agir conjointement avec lui. Le commissaire n'exécuta pas cette protestation et commença l'interrogation des témoins. Sur le compte-rendu de sa mission, le Sénéchal de Béziers condamna les prétendus diffamateurs désignés parmi les témoins à charge. Pour un évêque du xviiie siècle il n'était rien de plus irrégulier que la sentence du juge laïque.

Ce fait, dira-t-on, n'est peut-être qu'isolé : il n'en est pas moins caractéristique et si l'intervention des juges séculiers dans les matières de discipline ecclésiastique n'avaient pas toujours cette gravité, on peut et on doit dire quelle était fréquente, envahissante et que nul ne la trouvait irrégulière quand elle gardait certaines limites. Ainsi, peu avant 1789, l'officialité non seulement ne se mêlait pas des procès d'ordre laïque, mais encore elle était fortement ébranlée dans son essence même. Depuis bien des années ses prisons étaient complètement vides. Nul ecclésiastique, ou à peu près n'a été condamné à subir l'incarcération, dans le diocèse de Montpellier pendant tout le temps qui fait l'objet de nos études (1).

(1) A Montpellier les prisons de l'officialité se trouvaient dans les tours de la Cathédrale : « Monseigneur a dit qu'au défaut de prisons nécessaires dans les cas de l'exécution des décrets de prise de corps contre les ecclésiastiques du diocèse qui y donnent lieu par leurs mauvaises conduites on est obligé de se servir d'une chambre qui tient l'espace d'au-dessous le clocher de l'Eglise Cathédrale dont l'exposition souffre plusieurs inconvénients, le premier en ce qu'il y a aucune sûreté pour les prisonniers qui peuvent être enlevés... le second en ce qu'ils y souffrent les injures de l'air et qu'ils ne peuvent y faire du feu, qu'il ne convient pas que des prêtres soient traités ainsi, ce qui fait que l'on est obligé de les transférer dans des prisons empruntées et cause un grand scandale». La chambre ecclésiastique délibéra de construire des prisons dans le vieux cloître. (Fonds du Clergé Reg. n° 29).

Aucun document, parmi tous ceux que nous avons vus dans le fond du clergé ne révèle de la part des officialités une activité compromettante pour les tribunaux laïques. C'est le contraire qui est vrai. Tout au plus le juge de l'Evêque connaissait des cas de discipline des clercs. Il les faisait comparaître devant lui pour des faits qui en réalité ne relevaient que de la conscience privée ou concernaient l'administration des paroisses. Ainsi donc les privilèges des clercs, en cette matière n'étaient pas excessifs, ni le pouvoir de l'Evêque énorme. Au contraire, si l'on se représente le nombre de magistrats répandus sur le sol de la France, celui des tribunaux qui se faisaient un devoir de suivre les Parlements, on comprendra sans peine qu'il y en avait assez pour former une coalition redoutable et victorieuse contre les tribunaux d'Eglise.

§ 2. — La Chambre ecclésiastique

Il existait, au XVIIIᵉ siècle, dans tous les diocèses de France, une institution appelé « la Chambre ecclésiastique» dont l'évêque était le président. On sait que le clergé réuni en assemblée générale, à Paris, réglait les sommes que les églises de chaque diocèse devaient verser au trésor royal. Les bureaux des chambres élisaientchacun un député, pris parmi les prêtres, qui devait se rendre avec l'Evêque à l'Assemblée générale. Ils étaient chargés de fixer la part contributive des décimes, dons gratuits, etc. afférents à chaque bénéfice. Il n'y avait point d'uniformité dans leur formation. L'usage qui les réglait variait suivant les diocèses; les membres qui les composaient n'étaient pas partout en nombre égal. L'Assemblée de 1700 édicta bien un règlement, mais il ne fut pas reçu par tous les prélats.

C'est le synode seul, convoqué et présidé par l'Evêque, qui élit, sur la requête du promoteur, les membres du bureau. C'est lui seul, qui, sur la proposition de l'un quelconque des assistants, réforme les abus qui peuvent s'y glisser. Sans doute, l'Evêque propose à l'Assemblée synodale des réformes, des règlements nouveaux, mais c'est le clergé, à la pluralité des voix, qui décide souverainement. A Montpellier (1), jusqu'en 1605, le bureau se composait de 1 syndic choisi parmi les dignités ou personats de l'Eglise Cathédrale, de 2 chanoines du chapitre cathédral, de un chanoine de la Collégiale de la Trinité et de un de celle de Saint-Sauveur, où à leur place, d'un bénédictin d'Aniane, enfin de un prieur-curé. Depuis le synode du 12 avril 1605, un septième membre fut choisi parmi les vicaires perpétuels, sur la demande de deux d'entre eux, c'était un élément démocratique de plus qui y pénétrait (2).

Lorsque le synode ne se réunissait pas, le bureau lui-même pourvoyait aux places vacantes. Ainsi formé il jouit d'une juridiction complètement affranchie du contrôle royal. Il nomme, sur la proposition de son président, l'Evêque, un secrétaire-greffier chargé de dresser les rôles des décimes et autres impositions votées par l'Assemblée générale et un receveur de décimes qui devait percevoir ces impositions et en rendre compte, l'année suivante, devant lui. Ces deux officiers étaient ordinairement des

(1) C. IV. Fonds de l'Evêché. — Reg. 29 bis des Délib., 1789

(2) M. Serres promoteur a requis être procédé par l'Assemblée (du synode) à la nomination des nouveaux députés de la Chambre ecclésiastique. Alors deux vicaires paraissent et l'un prenant la parole dit que « faisant une grande partie du clergé, étant environ quatre-vingts, et « contribuant aux décimes et autres charges du clergé, il est par « conséquent juste de nommer chaque année un des vicaires du diocèse « pour député à la chambre ecclésiastique ». Ce que l'Assemblée et Mgr ont approuvé. — Reg. des Délib. du clergé, n° 27. *Arch. dép.*

hommes d'une probité éprouvée, versés dans l'étude du droit et dont la conduite inspirait de la confiance au clergé. Ils achetaient leurs charges au diocèse qui les avaient acquises du roi, moyennant finances. Il nommait, aussi un procureur qui avait la mission d'informer et de faire toutes poursuites aux dépens du diocèse en faveur des prieurs, curés, vicaires et autres ecclésiastiques qui étaient troublés dans la jouissance de leurs revenus ou bénéfices (1), ou dans leur administration paroissiale. D'autre part, lorsqu'un clerc, après sommation, ne payait pas sa portion d'impôts, l'officier commis à la levée des décimes le citait devant le bureau qui prononçait la saisie et confisquait, par ministère d'huissier (2) les biens du délinquant jusqu'à concurrence de la somme due. Dans les mauvaises années, les procès encombraient les bureaux de la chambre écclésiastique, qui obligée de satisfaire le roi à court d'argent pressait vivement les clercs de s'acquitter de leurs contributions. En 1710, les bénéfices rapportaient si peu, ils étaient même si misérables que le bureau ne fut pas peu embarrassé. Quand un ecclesiastique voulait faire appel d'un jugement de cette juridiction, il se pourvoyait à la chambre de Toulouse qui jugeait en dernier ressort, sauf recours au Souverain. Toutefois lorsqu'un laïque, un fermier, par exemple, d'un bénéfice ecclésiastique était appelé devant le bureau diocésain, il pouvait récuser sa compétence et porter requête au sénéchal. Quand ces deux juridictions

(1) Si le synode se réunissait, c'est lui qui le nommait « Monseigneur a exposé qu'étant nécessaire au clergé de son diocèse d'avoir un procureur en cette ville (de Montpellier) pour servir et défendre le clergé à tous les procès qu'il pourrait avoir et étant informé que M. Ugla a servi le clergé en homme d'honneur requiert de délibérer ». — *Fonds de l'Evéché*, reg. n° 27, 1608.

(2) L'huissier du sénéchal se présentait avec des archers au domicil du condamné. — *Arch. de l'Hôp. gén.* B. 182.

jugaient contradictoirement, le conflit ne pouvait guère se résoudre que par arbitrage ou par appel aux Cours supérieures. Bien plus, les parlements se sont arrogé en cette matière des droits absolus. On connait le célèbre passage « du Pape » de J. de Maistre ; « Qu'on se rappelle, écrit-il, l'honnête stratagème que les tribunaux français avaient employé pour dépouiller l'Eglise de sa plus *incontestable juridiction*. Il est bon que ce tour de passe-passe soit connu de ceux mêmes à qui les lois sont le plus inconnues : « Toute question où il s'agit de dîmes ou de bénéfices, est de la juridiction ecclésiastique. Sans doute disaient les parlements ; le principe est incontestable, quant au pétitoire, c'est-à-dire s'il s'agit, par exemple, de décider à qui appartient réellement un bénéfice contesté ; mais s'il s'agit du possessoire, c'est-à-dire de la question de savoir lequel des deux prétendants possède actuellement et doit être maintenu en attendant que le droit réel soit approfondi, c'est nous qui devons juger, attendu qu'il s'agit uniquement d'un acte de haute police destiné à prévenir les querelles et les voies de fait » (1). Subtilités qu'on ne peut assez blâmer parce qu'elles cachaient la trop réelle hypocrisie de ceux qui en usurpant au préjudice des Evêques et travaillant à leur ravir, malgré les lois canoniques et celles du royaume, une part importante de leur juridiction, ne les accusaient pas moins de vouloir diminuer la juridiction civile. Ainsi le tribunal ecclésiastique de la chambre qui paraissait être absolument indépendant des tribunaux laïques, puisque la matière dont il connaissait était considérée pour l'Eglise comme sa propriété exclusive, ne jouissait en réalité que d'une indépendance relative.

La Chambre diocésaine qui fixait le département des

(1) Livre II, chap. XVI.

décimes avait, comme conséquence, le droit de contrô-
ler le tableau des revenus et des charges de tous les ecclésiastiques. Les biens de l'évêque n'étaient pas exempts de ce
contrôle, du moins pour la partie qui n'entrait pas dans la
Mouvance féodale. Ils étaient taxés conformément aux règles
générales établies par l'Assemblée du Clergé. Un document
fourni par le receveur des décimes de l'année 1716 nous
met sous les yeux la part que l'évêque de Montpellier devait
payer : 1º Pour sa portion du payement des rentes et remboursements des capitaux par le clergé du diocèse, à cause
des sommes empruntées pour le rachat et extinction à
perpétuité de sa part des 24 millions, accordés au roi par
le clergé, en 1710, pour secours extraordinaire tenant lieu
de capitation, ci : 1749 francs ; 2° Pour sa portion de payement des rentes et remboursements des capitaux emprun-
tés par le Clergé pour sa portion de 8 millions, accordés au
roi par ladite Assemblée du clergé au lieu et place du
dixième, ci : 583 francs ; 3° Pour sa portion de 12 millions,
accordés au roi pour don gratuit, ci : 583 francs ; 4° Pour ses
décimes : 4571 francs.

L'action du tribunal de la Chambre diocésaine n'a pas été
saillante. Les membres qui le composaient obéissaient aveu-
glement à l'Evêque qui, invariablement, leur faisait part de la
dépêche envoyée « par Mgr l'archevêque de Narbonne, pour
« la convocation à l'Assemblée provinciale (1) qui doit se

(1) Voici la formule de procuration habituelle que le bureau signait à
l'élu : « Procuration d'un diocèse à un député pour assister à l'Assemblée provinciale. »

Furent présents : Illustrissime et Révérendissime Seigneur Mgr l'Evêque de M..., Messires tous syndics et députés du diocèse, assemblés pour
délibérer du choix que le clergé du diocèse entend faire d'un député
de second ordre, pour assister à l'Assemblée provinciale convoquée par
Mgr l'Archevêque, avec mon dit Seigneur Evêque, et donner sa voix pour
le clergé du dit diocèse sur la nomination qui doit être faite des députés

« tenir, à l'effet de délibérer sur la députation des personnes
« nécessaires pour assister à l'Assemblée générale du clergé »;
puis invitait à élire celui qui devait l'accompagner lui-même
à Narbonne, révisait les comptes de l'année écoulée, jugeait
les délinquants et procédait au département des décimes,
opérations presque toujours accomplies sans bruit au-dehors
et avec une complète monotonie.

La Chambre ecclésiastique n'a pas eu la même importance, dans l'histoire, que l'officialité. On pourrait même
dire que celle-ci a éclipsé celle-là, en jugeant des affaires
qui ressortissaient à la première.

§ 3. — Services publics : Enseignement, Assistance, Visites pastorales.

C'est encore en qualité de chef spirituel du diocèse que
l'évêque revendiquait le monopole de l'enseignement, celui
de l'assistance publique et s'occupait dans ses visites pas-

de la province à l'Assemblée générale du clergé de France qui doit se
tenir suivant la permission de Sa Majesté en la ville de... lesquels
après avoir conféré ensemble et mûrement délibéré ont nommé et élu
pour députés de second ordre, à ladite Assemblée provinciale, M...
lequel ils font, par ces présentes, leur procureur général et spécial, lui
donnant pouvoir de, pour et au nom du clergé, dudit diocèse, comparaître en ladite Assemblée provinciale... et lui donner sa voix conjointement ou séparément, avec Mgr l'évêque du diocèse ou celui qui sera
chargé de sa procuration pour la nomination des députés, tant du premier que du second ordre qui doit être faite par ladite Assemblée provinciale à l'Assemblée générale. comme aussi de donner aux Seigneurs
et aux Sieurs députés qui seront élus à la pluralité des voix... plein pouvoir
de faire, dire, gérer et administrer en ladite Assemblée générale tout ce
qu'ils aviseront bon être pour le bien spirituel et temporel et avantage
du clergé de France, en général, celui de la province et du dit diocèse,
en particulier ; promettant lesdits Seigneurs et Sieurs constituants avoir
pour agréable tout ce qui sera fait pour raison de ce par ledit Sieur, député
dudit diocèse. — Arch. départ.. Fonds du clergé. Reg. « Délib. du clergé. »

torales non-seulement de l'administration religieuse de la paroisse, mais encore de bien des détails qui appartiennent aujourd'hui à l'administration civile et sont complétement soustraits à l'action cléricale.

1° *Enseignement.* — Nul n'ignore que dans le Moyen-Age, l'Eglise était seule en état d'assurer le service si important de l'Instruction publique, et l'on ne devrait pas s'étonner qu'elle en ait gardé et réclamé longtemps le monopole. En souvenir de ce bienfait les princes reconnaissants avaient respecté ses priviléges. Le droit public reconnaissait à l'évêque le pouvoir de nommer les instituteurs primaires dans les paroisses de sa temporalité, d'inspecter les écoles, d'y établir des règlements. Le même pouvoir était reconnu aux chapitres pour les écoles de leur Mense. Il l'était aussi aux fondateurs d'établissements scolaires : cas très fréquent dans les villages. Mais le régent devait toujours demander, avant d'entrer en exercice, des lettres de régence à l'évêque qui ne les accordait qu'après un examen.

Les monographies qui ont paru sur l'enseignement primaire démontrent que les évêques en général se sont montrés à la hauteur de leur tâche. Ils exhortaient les riches à laisser des legs pour l'entretien des écoles ; ils veillaient à conserver à ces établissements le caractère de gratuité qui devait amener les enfants pauvres. Ils attiraient l'attention de l'Etat sur une institution si utile et il faut dire que le Gouvernement ne s'en désintéressait pas. On y enseignait la lecture, l'écriture, le calcul ; mais au xviiie siècle, comme au Moyen-Age, la morale catholique étant la clef de voûte de l'enseignement à tous les degrés, c'était la première des choses que les évêques ordonnaient aux maîtres d'enseigner (1).

(1) Charles J. Colbert, év. de Montp. au frère Simon Lazert, Salut. — Nous avons permis et permettons de tenir les petites écoles pendant le

Dans les collèges leur action n'a pas été moins active, ni moins bienfaisante et dans les Universités, ils jouissaient de privilèges honorifiques. Ainsi, l'Evêque de Montpellier était chancelier-né de l'Université. Le chancelier de l'Eglise de Paris remplissait la même fonction dans les Facultés de la capitale ;

2° *Assistance publique.* — Toujours par sa mission l'Eglise, au Moyen-Age, était naturellement chargée de pourvoir aux besoins des pauvres. Tous les établissements de charité qu'ils fussent dûs à sa libéralité où à celles d'un particulier, ou aux soins de l'Etat, étaient administrés par le clergé, sous la haute direction de l'Evêque. Au xviii° siècle, l'élément laïque constitue le personnel administratif ; mais Louis XIV par son édit de 1695 et par sa déclaration du 12 novembre 1698, reconnaît au clergé le droit de présider tous les bureaux établis dans les hôpitaux. En vertu de ces lois, l'évêque veille au bon entretien de ces établissements, s'enquiert de leurs nécessités, y pourvoit par de larges aumônes qu'il sait puiser dans la bourse du riche. En 1740, le seul hôpital Général de Montpellier loge plus de 700 malades ou infirmes, assiste au moins 6000 personnes de la ville et dépense annuellement 43.000 livres (1) ;

Ce n'est donc pas sans étonnement que des historiens affirment d'un ton résolu que les deux grands services nationaux de l'Instruction et de l'Assistance publique, se trouvaient, dans l'Ancien Régime, dans un état de dépéris-

temps qu'il nous plaira dans la paroisse de Lauret. Mais comme l'éducation pieuse et chrétienne est un moyen efficace pour établir la piété dans le cœur des jeunes fidèles, nous vous ordonnons de les élever dans la religion catholique, apostolique et romaine... de garder exactement les règlements pour les écoles dans lesquelles nous vous défendons d'enseigner les filles sous peine d'excommunication », 29 avril 1737.

(1) *Arch. Hôp. gén.*, B. 272.

sement voisin de la misère. C'est, il semble, parler bien vite et trop généraliser. On ne croit pas manquer à la vérité en disant que les évêques ont fait tous leurs efforts afin d'améliorer, autant que les hommes et les choses le permettaient, ces deux services publics pour la prospérité desquels ils ont déployé une initiative à la fois si intelligente et si généreuse;

3° Ils s'occupaient aussi de beaucoup d'autres objets qui n'entrent plus dans leurs attributions comme l'exposent les Registres des Visites pastorales si détaillés et si bien dressés par leurs soins. Quand ils se rendaient dans leurs paroisses, les magistrats municipaux à la tête de la population entière se portaient au-devant d'eux. Ils venaient non pas seulement comme évêques, mais encore comme inspecteurs reconnus par l'autorité civile et chargés d'examiner tout ce qui de près ou de loin touchait à la religion. Lorsque l'évêque arrivait à l'entrée du lieu, les magistrats s'approchaient de lui, le saluant au nom de la Communauté, puis tenant un dais sous lequel le prélat se plaçait, ils le conduisaient processionnellement à l'Eglise. Après avoir accompli plusieurs cérémonies d'usage, l'évêque commençait la visite très minutieuse de tous les objets du culte, examinait l'immeuble et le presbytère dans tous les sens, allait ensuite au cimetière pour se rendre compte de son état, visitait les petites écoles, interrogeait les élèves et le régent, et puis s'étant informé des besoins de la paroisse il convoquait dans une réunion publique la population tout entière qui avait la permission d'exposer ses désirs et ses réclamations; ses griefs même contre l'administration du curé, si elle en avait de fondés, enfin il faisait connaître les desiderata auxquels les officiers municipaux ne devaient pas manquer de satisfaire (1). Il exigeait de la commu-

(1) Nous avons trouvé qu'il est nécessaire que les habitants pourvoient incessamment à ce qui suit· Qu'ils fassent réparer le couvert de l'église,

nauté les ressources nécessaires aux grosses réparations de l'Eglise, du presbytère, du cimetière, des écoles (1); les petites réparations et la fourniture des objets de culte étant à la charge du Décimateur, c'est-à-dire de celui qui possédant le bénéfice, percevait la dîme, nommait par droit de collation le curé auquel il payait la congrue. Lorsque la paroisse possédait un hôpital, ou simplement ce que l'on appelait un « bureau de charité » (et, il y en avait dans beaucoup de villages), il exigeait le compte de recettes et dépenses que le receveur de l'hôpital ou du bureau était obligé de dresser. Si la paroisse manquait d'institution charitable il organisait, à défaut d'hôpital, un des ces bureaux dont il nommait les directeurs, le receveur et le trésorier (2). Il les aidait à constituer un fond de secours qui s'alimentait au moyen de quêtes faites à l'Eglise par le curé ou par les administrateurs, sous le porche, les dimanches et les jours de fêtes.

Il exigeait que la gestion du trésorier fût soumise à l'examen du curé qui communiquait un rapport à l'évêché. A l'égard de l'enseignement, il insistait pour que les écoles s'établissent dans un local « plus vaste et plus commode ». Ils inspiraient un grand respect pour le cimetière

qu'ils fassent relever les murailles du cimetière; qu'ils louent une maison pour faire l'école, et qu'ils imposent 100 livres, pour le régent. — *Arch. dép.* Visit. past., 1707-1712 (Clapiers).

(1) Dans tous les procès-verbaux nous lisons la formule suivante : « Nous.., après avoir ouï les officiers, consuls et habitants de la paroisse le curé le décimateur, avons ordonné.

(2) *Arch. dép.* Visite past. Assas 1678-1699).— « Avons ordonné que les directeurs du bureau de charité que nous avons établi dans ladite paroisse s'assembleront le 2e Dim. de chaque mois et avons nommé pour Directeurs... etc. Dans le Synode de 1658, il est décidé que « les prévots ou procureurs des hôpitaux seront élus en présence des curés, et, l'année de leur administration finie, rendront compte devant les dits curés *arch. dép.*, G. 22 et 23.

qu'ils voulaient dans un état irréprochable. Il n'est pas rare de lire dans les procès-verbaux : « Nous avons défendu au « sieur curé d'y enterrer personne sans notre permission, « sous peine de suspense ipso facto », jusqu'à ce que les réparations jugées nécessaires soient accomplies. Il recommandait aux officiers de police « de tenir la main à ce que les cabarets fussent fermés le dimanche pendant les offices. C'est durant le cours des visites pastorales que les registres de l'État civil subissaient un examen très attentif. Il défendait au curé « d'avoir des registres en feuilles volantes », lui ordonnait de faire « coller et parafer » chacune des pages remplies par l'officier conservateur des registres des baptêmes, mariages et sépultures, et le menaçait de peines sévères s'il se rendait coupable de négligence. Les remontrances qu'il lui adressait étaient valables aux yeux de l'autorité et ses ordonnances de visites étaient connues de l'Intendant, qui en surveillait, au besoin, l'exécution. Aussi, dans leurs visites pastorales, les évêques, devenus en quelque sorte des *Missi Dominici* de l'Intendant paraissaient revêtus d'une double autorité. Celle de l'homme d'Église, celle du représentant de l'État. En cette qualité encore ils réunissaient dans leurs mains deux fonctions aujourd'hui complètement séparées, l'une spirituelle, l'autre laïque. Aussi grande fût leur action, comme chefs spirituels du diocèse, aussi étendue fût leur intervention, en cette qualité même, dans les choses de l'ordre laïque ; néanmoins on ne peut accepter les plaintes déclamatoires de quelques historiens qui les accusent d'avoir voulu sans cesse empiéter sur les fonctions des magistrats, puisque c'est le contraire qui est vrai. Une autre remarque pratique et intéressante à faire, c'est que ces prélats de l'Ancien Régime que l'on a l'habitude mal fondée de considérer comme des courtisans vivant loin de leurs diocèses, s'occupaient, au contraire de

leurs troupeaux, du moins la plupart, avec une vive sollicitude et une réelle intelligence de leurs besoins. Les registres
contenant les procès-verbaux de leurs visites pourraient et
devraient servir de modèle à l'épiscopat de nos jours qui
y trouveraient un exemple admirable de la manière dont
un évêque doit s'occuper de son diocèse. Nous ne voyons
pas du tout qu'ils aient encouru ces terribles anathèmes que
l'on a fait peser sur eux; sans doute parce qu'ils avaient
besoin d'être connus autrement que par ceux qui se servent
de l'histoire pour contredire la vérité.

CHAPITRE II

L'EVÊQUE SEIGNEUR FÉODAL

Ses revenus laïques — Similitude et différence entre l'Evêque, Seigneur, et les nobles non ecclésiastiques. — Le Haut Justicier : Les officiers épiscopaux, leur compétence et les tribunaux royaux.

Nous avons signalé dans la personne de l'Evêque, à côté de l'homme d'Eglise, le Seigneur laïque appartenant au monde de la féodalité. Il n'y avait point de prélats, au XVIIIe siècle, qui n'eussent, dans leurs diocèses, des biens nobles possédés en toute souveraineté, ou en partage soit avec un seigneur, soit avec le roi. Moins profondément engagés qu'au Moyen-Age, dans la société féodale, ces souverains à double visage que les miniatures du XIVe siècle, représentaient armés de la crosse et de l'épée n'ont pas perdu tout à fait leur caractère laïque. La plupart étaient nantis de fiefs plus ou moins considérables qui constituaient, avec leurs biens ecclésiastiques, ce que l'on appelle la mense épiscopale. Ces derniers, indépendants des lois et des usages qui réglaient les biens féodaux, entraient dans la catégorie de ceux que le clergé administrait sans contrôle et qu'il regardait, en principe, comme exempts d'impôt. En réalité, nous l'avons vu, ils étaient frappés d'une taxe assez élevée. Les autres biens qui revenaient à l'Evêque du chef de la seigneurie n'échappaient pas aux lois fiscales qui régissaient les biens de nobles laïques. Ainsi au Moyen-Age les évêques en qualité de feudataires étaient soumis aux services de cour, de la reddition des forteresses, de l'ost et de la chevauchée.

Dans une déclaration fournie par le régisseur des biens de l'Evêché de Montpellier, en 1728, cette distinction des biens épiscopaux est nettement marquée par les formules suivantes (1) :

1° Ce sont les revenus qui peuvent appartenir à toutes sortes de personnes, ou revenus laïques. Suit la liste des possessions féodales.

2° Revenus qui ne peuvent appartenir qu'à des ecclésiastiques, dépendants de la Mense épiscopale. Autre liste des possessions cléricales.

Ces derniers produisaient au prélat les fruits décimaux qui étaient grevés de charges : pensions congrues, réparations, secours, etc.. Certains évêchés possédaient des bénéfices et des fiefs très riches qui permettaient aux prélats fastueux de couvrir les dépenses qu'exigeaient leur situation, leur amour des livres, des arts, et il faut le dire, leur vie mêlée au monde (2).

Le même document que nous venons de citer représente les ressources de l'évêque de Montpellier, sous les deux titres suivants : *Revenus non affermés* : 1° Albergues, censures et usages des arrières-fiefs dépendants du Comté de Maugio... ; 2° casuel ou droit de lods des fiefs dépendants immédiatement du dit Comté... ; — *Revenus affermés* : 1° Les

(1) Fonds de l'évêché. Registre des bénéf.

(2) Vers 1739, Mgr de Bauveau archevêque de Narbonne percevait 90.000 francs. Ses charges se répartissaient ainsi : décimes et tailles 8739 francs ; aumônes 1025 francs ; réparations annuelles 9800 francs ; este net : 63.454 francs. — *Arch. dép.* C. 500.

terres de la dominicature de Mauguio, les amendes, les fours banals et droits de fournage ; 2° Les directes et censives de Balaruc, etc.,; 3° Les péages, les bans des vendanges et autres droits seigneuriaux. Plus on remonte vers le Moyen-Age, jusqu'à une certaine époque (XIII° siècle), plus les évêques, en France apparaissent riches et puissants Ainsi ceux de Montpellier, comtes de Montferrand et de Melgueil, faisaient battre dansces terres, une sorte de monnaie, appelée sols melgoriens.

Ils avaient subi, avec les années, le même sort que les autres Seigneurs dont l'importance dépérissait sans cesse, à mesure que la royauté élevait, chaque jour, son prestige. Plus les lois et coutumes féodales subirent d'atteintes de la part du Souverain, plus les évêques possesseurs de fiefs perdirent de leurs domaines et des droits qui y étaient attachés; jusqu'à ce qu'enfin Louis XIV eût déclaré qu'en droit, tous les biens, même ceux des clercs, appartenaient au Roi. Et c'était un principe reconnu, au XVIII° siècle, par les évêques eux-mêmes, que leurs revenus, quels qu'ils fussent, ne constituaient qu'une espèce de bénéfices dont ils ne pouvaient disposer à leur gré et qu'ils devaient remettre intégralement à leurs successeurs. Le célèbre évêque de Montpellier, Joachim Colbert, lui si intransigeant sur la conservation des privilèges qu'il détenait, écrivait : « Il y a une grande différence entre les Seigneuries ecclésiastiques et les seigneuries laïques. Les laïques peuvent faire ce que bon leur semble, il n'en est pas de même des ecclésiastiques... il dépend d'un seigneur ecclésiastique de tenir ou de ne pas tenir ce que son devancier a fait ou n'a pas fait, au préjudice des successeurs (1).

Ainsi les possessions des Evêques régies par les mêmes

(1) *Hôp. gén.* B. 163.

lois que ceux des Seigneurs laïques avaient subi la même déchéance qu'eux et plus grande encore, plus accentuée en un sens. Malgré ce dépérissement séculaire, l'Episcopat français, à la mort du grand Roi, possédait des fiefs immenses. Chez quelques prélats même, le grand Seigneur primait l'homme d'Eglise. Malgré ses principes d'absolutisme, la royauté respectait ces possessions dont la plupart reposaient sur des titres vénérables par leur antiquité et leur valeur intrinsèque. Les évêques gardaient précieusement ces titres dans leurs archives, d'où ils les exhumaient, au besoin, pour la défense de leurs droits. Le souci persévérant, opiniâtre qu'ils ont montré pour la conservation de leurs privilèges les ayant conduits à produire ces titres, nous pouvons, en les examinant, observer que, dans le XVIII° siècle, la féodalité ecclésiastique n'était pas absolument différente, au point de vue de l'organisation financière, de celle du Moyen-Age. Elle conservait encore des habitudes, des mœurs et des règlements propres à ces temps reculés. Considérons, d'abord, la nature de quelques un des impôts qu'ils percevaient. Tout évêque, en qualité de Seigneur haut justicier, et, en vertu d'une règle féodale ancienne, est roi dans sa terre. S'il acquiert sa terre de Sa Majesté, par un bail en inféodation, c'est-à-dire par une vente, il succède au vendeur dans tous ses droits, à l'exception de ceux qui appartiennent à la supériorité souveraine. Aussi petit soit le fief, serait-il seulement un arceau jeté sur une rue, il vaut au Seigneur une participation à la souveraineté, et par conséquent, la perception d'un droit. Dès lors, tous les fiefs relevant de l'évêché étaient soumis annuellement au payement des censives. albergues, etc..

En cas d'aliénation, ils devaient au suzerain le droit de lods conformément au principe féodal que le feudataire n'est pas le vrai propriétaire, mais qu'il jouit seulement du domaine utile. C'est le suzerain qui possède absolument ce que l'on appelait, au XVIII° siècle « la directité » ou « dominité directe » (dominium).

Selon la jurisprudence des arrêts et la doctrine des bons auteurs, une vente de fief quelconque consistait à faire passer d'une main dans une autre, la directe, la justice et les fonds qui en relevaient. Dans ce cas, il y avait ouverture de fief et changement de vassal, et le Seigneur exigeait le lod que les coutumes du Languedoc appelaient quint ou requint, laudimia. L'évêque percevait aussi la dîme seigneuriale qu'il ne faut pas confondre avec la dîme ecclésiastique. Le clergé considérait celle-ci comme une reconnaissance du souverain domaine de Dieu ; celle-là était la reconnaissance de la seigneurie directe du Seigneur dominant. L'une et l'autre ont été mal vues du peuple qui les a eus en horreur et le terme de dîme est encore à ses yeux une marque de flétrissure pour l'Ancien Régime. Il existait une foule d'autres impôts que le seigneur évêque percevait sur ses vasseaux (1), mais il en est un qui frappait les roturiers et les nobles auquel les prélats qui le percevaient tenaient beaucoup. C'est celui connu sous le nom de péage. A proprement parler, nul Seigneur ne pouvait en jouir, puisque c'était un impôt royal, qui supposait un droit régalien, comme celui de battre monnaie, mais le Roi en concédait la jouissance aux seigneurs pour l'étendue de leur juridiction. Les évêques de Montpellier tiraient du péage une part considérable de leurs revenus, Ils y ont trouvé de multiples occasions de procès longs et coûteux. Pour obtenir une exacte perception de ses droits féodaux, l'Evêque obligeait ses vasseaux à faire l'aveu et dénombrement, comme autrefois, au

(1) Le droit de chasse, par exemple : Pour chasser sur les terres épiscopales réputées nobles et interdites aux chasseurs, il fallait un permis délivré par l'évêque qui se faisait payer en nature.

Moyen-Age. Il leur requérait de comparaître devant lui, ses plaids tenants ou devant ses officiers, pour prêter foi et hommage, présenter une description détaillée de leurs tenures et s'engager à payer les droits annuels fixés par la coutume (1). Il rendait la justice dans ses terres comme les autres Seigneurs Les fonctionnaires qui jugeaient en son nom se divisaient en deux catégories : 1° Ceux qui le représentaient dans les villes et communautés rurales situés dans sa mouvance ; 2° Ceux qui résidaient auprès de lui dans son palais de l'évéché, centre de la juridiction et principal manoir.

Dans les petites paroisses du Languedoc, le représentant de l'Evêque portait le titre de « baillif » ou bailli ou bayle. Quelques-unes plus populeuses avaient, à côté du bailli, un procureur juridictionnel qui remplissait le rôle de juge d'instruction et de ministère public.

Les localités plus importantes étaient régies par un viguier

(1) Exemple : C'est l'aveu et dénombrement que baille devant vous MM. les officiers ordinaires de la temporalité de Monseigneur Colbert, etc... Léonard Valette, seigneur d'Esplans, 22 décembre 1703.

« Je déclare que je tiens en fief noble et honoré, franc et immune de toutes charges, tailles et censes dudit seigneur évêque, comme seigneur dominant de Villeneuve-les-Maguelone, l'entier estagnol appelé de Notre-Dame de Xindrio qui est réduit en cultures, prairies, paturages et terres labourables... Pour raison duquel entier estagnol je dois faire hommage et serment de fidélité au dit seigneur évêque comme seigneur dominant, suivant les actes d'inféodation (du 11 mars 1690)... et, en outre lui payer annuellement à chaque fête de Saint-Jean-Baptiste, deux albergues, l'une d'une croix d'or fin de valeur de 250 francs et l'autre de deux burettes d'argent de 100 francs, comme aussi donner la faculté aux fermiers du four banal, que ledit seigneur a au dit Villeneuve, de venir prendre dans ledit estagnol, des bois, roseaux et chaumes, à eux nécessaires pour le chauffage dudit four... lequel aveu et dénombrement j'affirme être véritable... » Commes pièces prouvant l'accomplissement de cette formalité, l'hommager cite les « certificats des publication faites dudit dénombrement à l'issue de la messe pendant trois dimanches consécutifs » et ceux des officiers de la Temporalité. — *Hop. gén.* B. 147.

assisté d'un procureur (1). Ces officiers jugeaient, au nom du Seigneur; ils constituaient ce que l'on appelait la justice ordinaire et exerçaient une surveillance étroite sur l'administration des magistrats municipaux.

A proprement parler, le tribunal de ces juges constituait plutôt un simple bureau de police qui prononçait sur les cas minimes. En réalité les véritables juges de la temporalité n'étaient pas autres que ceux qui résidaient auprès de l'Evêque. C'étaient : « un viguier général des ordinaires » de toutes ses seigneuries, auquel ressortissaient les officiers de ce nom (2) ; Un « juge général » ou procureur juridictionnel qui avait autorité sur les officiers de ce nom. Un procureur fiscal qui attirait à lui l'examen des affaires de finances (3). A Lodève, au début du siècle que nous étudions, l'évêque, en qualité de seigneur dominant, nommait pour lui un viguier, un juge, un lieutenant de juge, et un procureur fiscal. A Beauvais, l'évêque, qui était comte des terres de sa

(1) Un registre des visites pastorales porte pour l'année 1715, le nom des officiers de l'évêque : « A Saint-Jean-de-Cuculle : un bailli. — A Saint-Gilles, un baile et un procureur juridictionnel. A Saint-Bauzille, un viguier et un procureur juridictionnel. A Valfaunès, un viguier. Aux Matelles, un viguier. A la Figarède, le maire et le lieutenant de maire nommés par l'Evêque, etc. Dans les terres appartenant à la mouvance du seigneur laïque, les officiers de ce dernier portaient les mêmes noms que ceux de l'évêque. Ainsi à Castries, le marquis était représenté par un viguier et un procureur juridictionnel. Lunel qui était ville royale était régi par un viguier, un juge, un procureur du roi qui exerçaient leur juridiction sur plusieurs villages environnants.

(2) Dans un registre de l'année 1738. *Arch Hérault* C. iv, n° 14. On lit : « Le sieur Baudouin est nommé viguier général des ordinaires de toute la temporalité. Il jure de bien juger, d'observer les ordonnances royaux et de protéger la veuve et l'orphelin ».

(3) Dans le même registre on lit pour la même année, « Jean Ugla, ancien professeur au sénéchal, est nommé procureur fiscal en notre justice ordinaire de la temporalité. Enjoignons à tous nos officiers vassaux de le reconnaître.

juridiction, exerçait la justice par un bailli assisté de trois lieutenants, d'un procureur fiscal, d'un avocat fiscal, d'un substitut. Huit archers étaient à la disposition des juges, pour l'exécution de leurs ordres.

On ne saurait compter le nombre de procès qu'ils eurent à régler ou à soutenir: 1° pour la perception des droits seigneuriaux de leurs maîtres, et 2° pour le maintien de leurs privilèges honorifiques. Ils y mirent une âpreté et une persévérance inspirées par le souci de plaire à leurs maîtres qui les excitaient et les aiguillonnaient quand la procédure ne leur paraissait pas assez rapide.

Perception des droits seigneuriaux. — Les évêques considérant que leurs revenus étaient comme des biens patrimoniaux dont ils devaient garder jalousement jusqu'à la moindre parcelle, veillaient à leur perception intégrale et sur ce point, se montraient exigeants soit à l'égard de leurs sujets, soit à l'égard de leurs procureurs fiscaux. Lorsqu'un débiteur, à la faveur des obscurités des règles féodales, et profitant de l'incertitude des titres sur lesquels se fondaient les suzerains, contestait à l'évêque une redevance quelconque, un lod par exemple, le conflit était porté, d'abord, devant les officiers de la justice ordinaire, c'est-à-dire devant les juges épiscopaux. Évidemment l'évêque se trouvant juge et partie à la fois gagnait toujours son procès. Mais la partie adverse pouvait porter sa cause devant le sénéchal qui confirmait (1) ou annulait le premier jugement, comme abusif. L'une et l'autre partie, en tout cas, avaient droit de se pourvoir en appel au Parlement de Toulouse.

(1) Requête de l'évêque Colbert au sénéchal de Montpellier, pour qu'il maintienne le jugement rendu en sa faveur par les juges ordinaires de sa temporalité et qu'il permette que son exécution se poursuive, 20 juin 1720). (*Hôp. gén.* B. 157.)

Jamais un évêque, qu'il fût seigneur ou n'entrât nullement dans la hiérarchie féodale, n'était justiciable des juridictions laïques inférieures. Il en était de même, lorsqu'un roturier, entrait en contestation avec un prélat.

Le 30 juillet 1714, le sieur Saint-Pierre passa un contrat de ferme avec le fameux évêque de Montpellier J. Colbert pour trois ans, aux conditions suivantes : que l'évêque l'indemnisera des cas fortuits, s'il s'en produit : grêles, orages…, qu'il mettra la métairie affermée dans un état convenable. Le fermier, prétend que ces conditions ne sont pas remplies par l'Evêque et porte plainte à ses officiers qui le déboutent (1717). Il se pourvoit devant le Sénéchal de Montpellier qui ordonne une expertise. Cette opération n'est pas favorable au demandeur et l'évêque est autorisé à exiger le payement de la ferme. Le sieur Saint-Pierre ne pouvant satisfaire à ces exigences, l'évêque fait décerner par son procureur fiscal une contrainte de prise de corps dont le Sénéchal ordonne l'exécution à ses archers. Le malheureux fermier affolé prend la fuite. Il est poursuivi, recherché en vain de longs mois ; puis retrouvé malade, dans sa maison. Il se pourvoit au Parlement de Toulouse qui fait traîner le procès. Enfin un arbitrage par une décision définitive oblige le fermier à verser le prix de la ferme entre les mains de l'évêque qui se déclara très satisfait.

Plus long et d'une complication excessive se présente le procès que soutiennent plusieurs évêques de Montpellier pour la perception du péage (1) sur les étangs de leur diocèse. S'il faut en croire les plaintes que renferment les documents, ces prélats usaient de rigueurs excessives et poussaient leurs agents à pressurer les contribua-

---

(1) Cet impôt pesait sur les marchandises qui passaient sur les rivières ou d'un pays dans un autre, à la charge par le seigneur, d'entretenir en bon état, les ponts, les passages et les chaussées.

bles pour tirer le plus possible de cette riche source de revenus.

L'évêque Colbert prétendait jouir du péage, depuis la motte de Coixieux près de Lattes, jusqu'au mont de Cette. Il fondait ses prétentions sur son titre de comte de Melgueil et de seigneur dominant de tous les ports et étangs (1). Or, en 1717, un sieur Valade avec quelques autres bâteliers, passèrent du bois sur les étangs de la juridiction d'Agde sans payer le droit de péage. Les agents de l'évêque leur ayant requis de le payer, les délinquants refusèrent. Les premiers se crurent autorisés à saisir le chargement. Valade qui croyait avoir agi en connaissance de cause prétendait que les évêques de Montpellier n'étaient pas Seigneurs de tous les étangs, mais seulement de ceux qui s'étendaient dans son diocèse. En conséquence, il accusait Colbert d'avoir commis un abus. Légalement les officiers de l'évêque se croyaient compétents pour juger cette affaire. Colbert soutenait que les docteurs considéraient unaniment, ce qui était faux, le droit de péage comme un droit seigneurial et que ses juges ordinaires pouvaient connaître de tout ce qui concernait les domaines, droits et revenus ordinaires ou casuels tant en fiefs que roture de la Seigneurie. Un autre article du droit Seigneurial était plus certain; c'est que la connaissance de ces matières cessait d'appartenir aux juges des seigneurs, lorsque la propriété de la chose leur était contestée. En vertu de ce principe, toute partie adverse en conflit avec une justice Seigneuriale pouvait se pourvoir devant le juge royal. Valade présenta donc une requête au sénéchal de Montpellier. Colbert, de son côté, soumit le différend à l'Intendant. Quelque temps après, le parlement de Toulouse fut saisi à

____

(1) *Arch. de l'Hôp. gén. B.* 167.

son tour. Cette Cour jugeait en dernier ressort, sauf le recours au Conseil du roi. Telle était, au XVIIIᵉ siècle, la série des juridictions devant lesquelles se portaient les procès qui s'élevaient sur les matières fiscales des Seigneuries épiscopales. Telle était aussi la constance, la dureté même que les évêques les mieux notés témoignaient lorsqu'il s'agissait de conserver ces droits Seigneuriaux qui leur attiraient tant d'inconvénients et de procès, qui les déconsidéraient aux yeux des laïques et les obligeaient souvent, beaucoup trop souvent, à employer les moyens de rigueur qui ne conviennent guère au caractère épiscopal. Le prélat que nous venons de citer, est un exemple frappant de cette fausse situation qui diminuait le prestige de la crosse. Car, malgré la hauteur morale de sa conduite et son incontestable piété, il s'est présenté comme un féodal sévère, très proche de ses intérêts, autoritaire pour ses inférieurs, et insensible à tous ceux qui ne pratiquaient pas à son égard, les devoirs de vassaux ou de débiteurs.

CHAPITRE III

RELATION DE L'EVÊQUE AVEC LES MUNICIPALITÉS

Leurs conflits : Nomination des consuls ; 2° La juridiction et l'administration de la police ; 3° Droit d'assistance aux assemblées de l'hôtel de Ville ; 4° Coalition des bourgeois et des hommes d'Eglise contre l'Evêque, présage de la Révolution.

Nous avons exposé le droit dont jouissaient les évêques en qualité de seigneurs, d'établir des officiers qui rendaient la justice en leur nom et percevaient les impôts. Ils n'ont, pas trouvé de plus grand ennemis de leurs priviléges que les villes ou communautés de leurs seigneuries. On n'exagérerait pas en disant que la plupart des localités d'une certaine importance se sont habituées à attaquer le pouvoir que s'attribuaient les prélats sur la police, la justice et l'administration. Ce côté du sujet que nous étudions n'est pas le moins intéressant. Personne n'ignore que le véritable régime communal avait cessé, dès le XIV° siècle, et que, depuis lors, jusqu'à Louis XIV, les ingérences de la royauté tendirent à fausser et à transformer les institutions libres quelles quelles fussent. Il ne resta de l'Ancienne Autonomie des villes ou paroisses rurales que la forme de l'administration : la commune dans le Nord, le consulat, dans le Midi. Quelques-unes cependant possédaient encore quelque: droits seigneuriaux, même la haute justice en pareage avec le Seigneur. Les « biens patrimoniaux » qui constituaient autrefois une source considérable de revenus pour les municipalités n'existent presque plus, tant ils sont diminués. Une enquête de 1734 fait connaître dans quelles mesures, pour le diocèse de Rieux, la possession de ces biens venait alléger les charges des habitants. Sur soixante-deux communautés, dix-huit déclarent ne rien posséder.

Celles qui possèdent ne déclarent que quelques terrains vagues, emplacements d'édifices détruits, par exemple un vieux château, ou quelques droits seigneuriaux sans importance (1).

En général, dans le royaume, sous Louis XIV, elles étaient tombées dans un état de pauvreté qui favorisait les projets ambitieux des Seigneurs particuliers. Toutefois soit les privilèges anciens qu'elles gardaient jalousement, soit ceux qu'elles obtenaient de la faveur royale, elles savaient les défendre contre leurs maîtres avec habileté et énergie. Les efforts de la bourgeoisie tendirent, pendant le cours du XVIII° siècle, à provoquer quelque mouvement communal pour essayer d'obtenir plus de liberté et une diminution de charges. Il ne faudrait pas, il est vrai, y voir une image de l'insurrection qui aboutit, au Moyen-Age, à l'émancipation politique des Communes. Sans avoir une si grande ampleur la lutte que nous allons décrire n'en est pas moins intéressante. Dans le Midi de la France et pendant tout ce siècle si agité, le sujet des contestations qui s'élevèrent entre les bourgeois et les Seigneurs portait : 1° Sur la nomination des consuls, 2° Sur l'administration et la juridiction de la police ; 3° Sur la présidence des assemblées municipales ou le droit d'y assister ; 4° Sur l'exercice de certaines fonctions communales.

(1) *Annales du Midi.*, oct. 1905.

§ 1.— Nomination des Consuls

Au début du XVIIIe siècle, le mode des élections de ces magistrats était déterminé selon des usages et des règlements anciens. Mais ces règlements et usages ayant subi des changements, dans le courant des siècles, par la faiblesse des uns et par l'usurpation des autres, les droits de tous étaient devenus méconnaissables. De là des conflits que les arrêts de la Cour et du Parlement ne réussissaient pas toujours à résoudre, faute de règlements généraux. Ce n'est que dans la seconde moitié du siècle que le Gouvernement se décida à en publier. Il est certain que des évêques, depuis le Moyen-Age jusqu'au XVIIIe siècle, jouirent du droit de nommer les consuls dans les lieux de leur Seigneurie. Mais, pendant la guerre de la succession d'Espagne, la royauté aux abois créa, pour se procurer de l'argent, à titre héréditaire, l'office de maire. Elle défendait aux Seigneurs particuliers de s'immiscer dorénavant dans l'administration des communautés dont le maire avait acheté le titre. Mais une fois les finances royales rétablies, les Seigneurs rachetaient la mairie, et, les choses revenant à l'ancien état, c'était difficilement que les communes se dessaisissaient d'un droit qui leur semblait si précieux. Comme dans moins de cinquante ans, la création des mairies et leur rachat se produisirent plusieurs fois; comme les titres que faisaient valoir les Seigneurs n'étaient pas toujours incontestables, les communes espéraie· obtenir quelque indépendance. Ainsi l'évêque de Montpellier prétendait élire tout seul les consuls des Matelles, parce que comte de Melgueil et de Montferrand, par la volonté d'Innocent III, son siège avait toujours joui de ce privilège. Voici la lettre

— 43 —

écrite d'un ton d'autorité que Mgr J. Colbert écrivit aux consuls sortants des Matelles : « Comme il est d'usage, Mes-
« sieurs, que les consuls des Matelles doivent être nommés
« le 25 mars de chaque année et que le choix doit être fait
« par moi, puisqu'il n'y a plus de maires, je vous fais savoir
« que mon intention est que le sieur Gras soit reçu pour pre-
« mier consul et Etienne Nourrit jeune, pour second consul.
« Il faut donc les installer en la forme ordinaire... Je suis,
« MM. tout à vous »... L'évêque s'était beaucoup trop pressé. Le Parlement de Toulouse jugea l'affaire en faveur de la ville des Matelles et débouta le prélat (1).

Si l'évêque avait borné ses droits à présenter aux consuls sortants trois candidats, selon l'usage établi dans beaucoup de Seigneuries, la Cour de Toulouse aurait jugé autrement ; puisque plusieurs règlements édictés par Louis XV reconnurent et confirmèrent ce droit aux Seigneurs particuliers. Les rois entendirent même conserver en faveur des Evêques un cérémonial auxquels les officiers municipaux s'assujettissaient avec peine et qui était usité encore, quand la Révolution éclata. Un document curieux nous en donne la description : « L'an 1777 et le 18 novembre, Nous Jean-François Lunaret, avocat, viguier de la temporalité de l'évêché de Béziers, en exécution de l'arrêt du roi du 6 septembre qui maintient Mgr l'Evêque, en qualité de seigneur de ladite ville, (avons reçu) les sieurs..... consuls et greffier précédés des capitaines de villes, massiers et hallebardiers... lesquels, selon l'ancien usage, nous ont prié de nous rendre en l'hôtel de ville, aux fins de procéder à la réception de leur serment, et de suite étant partis, marchant seul à la tête desdits consuls précédés desdits capitaines... nous sommes rendus avec notre greffier à l'hôtel

(1) Arch. Hôp. gén., B. 171.

de ville où nous avons trouvé M. de Barrès, Seigneur de Pouzolles, 1er consul, sur le perron... Et peu après nous avons entendu la messe »... Puis le Procureur du roi et son greffier ont juré « de bien et dûment faire le devoir de leurs charges ». De l'hôtel de ville, le même cortège s'est rendu « sur la place de Saint-Nazaire où nous nous sommes placés sur un fauteuil préparé auprès de la Croix ». Les consuls à genoux, la main sur le missel « par nous tenu ont fait chacun le serment en la forme suivante : Je jure et promets de bien servir le roi et Mgr l'Evêque pendant la durée de mon consulat et de garder et observer les règlements de la maison consulaire »....(1)

§ 2. — La juridiction et l'administration de la police

Sur la juridiction de l'administration de la police la lutte fut vive et opiniâtre dans les Communes et dans les consulats. Les municipalités n'entendaient pas seulement s'occuper de l'administration. Elles jugeaient nécessaire d'exercer aussi la police; c'est-à-dire de veiller au maintien de l'ordre public, d'imposer des amendes à quiconque le troublerait, d'infliger l'emprisonnement de vingt-quatre heures au délinquant, de surveiller les forains, de permettre aux marchands de vendre, etc. Elles soutenaient que les agents des Seigneurs soit laïques, soit ecclésiastiques, cherchaient toutes les occasions de vexer les officiers municipaux et de les déconsidérer. Ils montraient l'inconvénient que souffraient les habitants de recourir pour les faits de simple police aux juges ordinaires qui ne se trouvaient pas sur les lieux; tandis que eux résidant sur place ils jugeaient plus rapidement et d'ailleurs sans frais. Ils faisaient observer que les

(1) *Arch. dép.*, C. 894

querelles qui s'élevaient souvent sur les marchés entre les étrangers et les habitants ne pouvaient jamais être apaisées, sur le moment, parce que tenus en tutelle et menacés par le Seigneur ou par ses agents ils n'osaient pas intervenir. « Nous sommes obligés, écrivent les Consuls de Sauve (20 juillet 1762), ville dépendant de l'Evêché de Montpellier, de souffrir tranquillement leurs entreprises qui ne tendent qu'à avilir les offices municipaux en leur enlevant les seules prérogatives qui peuvent les faire rechercher ». Ils marquent que les Maires et Consuls entendent mieux les intérêts du peuple que les officiers ordinaires « plus attachés à leurs intérêts qu'au bien public et ne demandant que procès », qui ont toujours cherché à éloigner des charges municipales ceux qui pourraient s'opposer à leurs innovations toujours préjudiciables aux droits des communautés. Dans les requêtes qu'ils adressaient au roi et au Parlement, ils fondaient leurs droits sur des documents authentiques et sur l'usage qu'ils disaient immémorial.

Le Seigneur Evêque répliquait que les municipalités ne pouvaient exercer la police que s'ils étaient fondés en titre par la volonté royale; qu'étant suzerain il jouissait de la juridiction à la fois et de l'administration de la police dans toute l'étendue de ses terres et que son procureur fiscal pouvait seul l'exercer en son nom.

Les municipalités répondaient que leurs prétentions n'excluaient pas la reconnaissance de la juridiction policière, mais qu'elles s'en attribuaient l'administration. Quelques unes même revendiquaient la juridiction toute entière. Il existait une ordonnance de Moulins (fev. 1566) encore en vigueur au xviiie siècle, qui portait que « les policiers ou bourgeois » avaient droit de juger jusqu'à 60 sols, qu'ils « devaient prêter serment devant les juges de la haute justice et que les amendes allaient aux Seigneurs hauts justiciers. » Le droit que cet article de l'ordonnance de Moulins établissait en faveur des officiers municipaux fut confirmé par l'arrêt du 19 février 1642 en faveur des villes qui n'avaient point de Seigneurs particuliers.

Un document qui concerne l'histoire du diocèse de Montpellier résume et explique l'exposé que nous venons de faire.

Mgr de Charancy possédait, en qualité d'Evêque de Montpellier, la petite ville de Saint-Hipolyte, dans le diocèse d'Alais. Il y était représenté par un viguier. Là comme ailleurs, les Consuls avaient contesté à cet officier l'exercice de la police. Mais, au fond, ils n'avaient guère encore le tempérament révolutionnaire et d'ailleurs l'Evêque avait « toujours eu beaucoup d'affection pour la dite communauté » qu'il regardait « comme l'un des principaux apanages de son siège ». Un accord fut conclu sur les bases suivantes : 1° les officiers de l'Evêque « ont droit de connaître tout ce qui regarde la police... et néanmoins le bureau établi dans ladite ville aura la charge, administration et intendance de la police et de tout ce qui en dépend (ordonnance de Moulins); 2° le bureau pourra dresser les règlements sur le fait de police contentieux entre particuliers et sera tenu d'en renvoyer la connaissance aux juges de l'Evêque; 3° il ne connaîtra pas des crimes ou délits de police pour lesquels il écherra peine afflictive ou infamante; 4° l'Evêque percevra toutes les amendes, même celles de 60 sols; » 5° le bureau ne pourra être saisi d'un délit quelconque si les officiers de l'Evêque l'ont connu les premiers; 6° la visite des poids et mesures sera faite par le bureau ou par les officiers de l'Evêque; 7° les mesures du blé, vin et huile seront marquées aux armes de l'Evêque « quelles soient vérifiées par le bureau ou par les juges. Toutes les publications seront toujours faites de la part de MM. les officiers de police sans autre désignation. Les règlements qui pourront être faits par le bureau ne pourront être publiés, ni exécutés qu'ils n'aient été homologués par le juge de l'Evêque ». Une foule d'autres clauses concernant la boucherie, les marchands, les blés, le pain, les prix des denrées paraissent toutes favorables à l'autorité de l'évêque, qui, laissant quelques droits aux consuls, se réserve en réalité la presque totalité de l'administration. C'est ainsi que se décidaient quelquefois ces sortes de conflits très fréquent au xviiie siècle. L'une et l'autre partie, quand elles vivaient habituellement en bons termes, signaient un compromis pour éviter les longueurs d'un procès qui ne manquaient guère d'être défavorables en général aux communautés. L'Evêque plus riche et plus influent avait plus de chance qu'elles d'obtenir confirmation de ses privilèges. Il est rare qu'il ait cédé bénévolement la moindre parcelle de ses droits. Il les aurait instinctivement plutôt accrus que diminués.

§ 3. — Assistance aux Assemblées Municipales

Les évêques hauts justiciers qui prétendaient avoir le droit de contribuer à l'élection des officiers municipaux, tiraient de cette prétention le pouvoir de présider ou, au moins, d'assister aux Assemblées de l'hôtel de ville. Ils allaient même jusqu'à s'attribuer de nommer le procureur du roi auprès de ces assemblées. Bien des Communautés ne se fatiguaient pas de relever ce qu'elles considéraient comme des empiétements. Quand elles croyaient leurs droits solidement établis elles se disposaient à les défendre et n'hésitaient pas à soutenir des procès avec leur Seigneur évêque. Ces conflits jugés par le parlement ou par le sénéchal qui les examinaient en première instance, ou enfin par le Conseil du roi, recevaient des solutions diverses, selon les cas.

Lorsque les titres des Seigneurs paraissaient authentiques et n'étaient pas supprimés par des règlements nouveaux
émanés du roi, le Conseil les maintenait simplement même
dans les villes royales. Ainsi, à Béziers, Mgr Aimard Cláude
de Nicolaï, pour maintenir les privilèges honorifiques
dont ses prédécesseurs avaient toujours joui, disait-il,
soutenait qu'il avait le droit d'être appelé aux Assemblées
de la ville et surtout à celles qui se tenaient pour les élections consulaires ; d'y assister par lui-même ou par son
procureur juridictionnel. Il demandait que les officiers
municipaux vinssent prêter serment entre ses mains et
prissent la qualité de « juges épiscopaux ». Il adressa directement sa requête au Conseil du roi, afin d'éviter à la ville
qu'il était sûr de faire condamner les frais considérables
des tribunaux ordinaires. Un arrêt du roi rendu en faveur du
prélat porte que « les Officiers de l'Evêque seront convo-
qués par un billet adressé la veille par le greffier-consulaire
aux Assemblées consulaires »... Les maires, consuls et
conseillers politiques prêteront serment entre leurs mains, ils
continueront de prendre la qualité de juges de police épiscopaux. Les officiers de l'Evêque assisteront à ces Assemblées et
notamment à celles qui auront pour objet les élections Consulaires, pour les présider et y avoir une place honorifique,
« sans pouvoir néanmoins à raison de ce, y rien proposer à délibérer, ni avoir aucune voix délibérative (1). Les magistrats

(1) *Arch. dép.* C. 894. — Voici la lettre autographe de l'Evêque Aymard
Claude Nicolaï qu'il adresse à l'Intendant, pour le maintien de ses droits
honorifiques : « Béziers fournit beaucoup d'affaires. J'en ai une, Monsieur, qui regarde mon Viguier à qui la ville refuse les droits honorifiques
dont mes prédécesseurs ont joui dans tous les temps. M. Amelot vient
de vous renvoyer. pour avoir votre avis, la requête que j'ai présentée
au Conseil et qui est appuyée sur les titres les plus anciens. Je vous
serai très obligé de vouloir bien vous occuper de cette discussion et de
mettre le ministre en état de prononcer La crainte d'occasionner des

municipaux firent entendre d'amères plaintes et s'étonnèrent
disant. que dans les villes seigneuriales ce droit était incontestable, comme dans la ville d'Agde où le procureur juridictionnel de l'Evêque remplissait les fonctions de procureur du
roi dans les assemblées de l'hôtel de ville « au lieu que Béziers,
ajoutaient-ils, est une ville royale dont le roi est seul haut
justicier et qu'elle ne tient l'exercice de la police, dans toute
son enceinte, que de la seule autorité du roi ». Mais rien n'y
fit. L'arrêt du 6 septembre 1778 fut maintenu. Dans certaines villes pareil conflit se terminait à l'amiable. L'exemple
suivant rappelle celui que nous avons rapporté plus haut.
Les Consuls de Nimes, après avoir contesté à leur évêque
Charles Prudent de Bec de Lièvre (1) le droit d'assister à

frais à une Communauté peu riche et accablée de charges, m'a fait pré-
férer la voie du Conseil à celle du parlement. Si j'avais pu même renon-
cer aux prérogatives de mon siège, je crois que j'aurais évité ce procès.
Mais je soutiendrai toujours les droits qui lui appartiennent avec autant
de suite que de tranquillité et de franchise. J'ai l'honneur... — Paris,
le 1er juillet 1776.

L'évêque fait observer qu'il regrette de se quereller avec la ville. Il
appuie sur cette idée dans la lettre suivante : du 2 février 1778 à un ami :

A Monsieur Grenier,

Je suis, Monsieur, très sensible à l'attention que vous avez bien voulu
me marquer en m'instruisant de la dernière délibération de MM. de
l'hôtel de ville de Béziers... vous êtes le lien qui devez nous unir et vous
m'épargnerez le chagrin de soutenir des procès contre des diocésains à
qui mon inclination et mon devoir me portent à donner l'exemple de la
paix... Mon père... m'estime heureux que vous daigniez vous occuper de
cette affaire et il partage toutes les reconnaissances que je vous
dois. J'ai eu l'honneur de voir M. votre fils l'ambassadeur qui jouis de la
meilleure santé. Agréez... — (Arch. dép. C. 591.)

(1) Voici la lettre à l'Intendant écrite par l'évêque : Nimes 13 mars
1779 :

« A votre passage à Nimes, Monsieur, vous m'aviez promis d'écrire
à M. Demerez et de solliciter une lettre du ministre qui en me conser-
vant les honneurs et prérogatives dont j'ai toujours joui et qui seraient
énoncés dans cette même lettre, ne préjugerait pas la cessation de ces

leurs Assemblées finirent par reconnaître qu'il était légitime
en tant « qu'accordé par l'arrêt du Conseil du 9 mai 1634,
« lequel droit se réduit à occuper la première place,
« à opiner le premier » sans avoir voix délibérative.
Mais, ajoutaient-ils fièrement, « les Consuls ont le droit
« d'opiner librement après Mgr l'Evêque et d'être d'un avis
« tel que leurs consciences et leurs lumières pourront leur

honneurs et prérogatives pour mes successeurs. Ce n'est pas ma personne qui m'intéresse. Sur le bord de ma fosse je ne me repais pas de
pareilles choses, mais je ne veux pas me déshonorer en consentant qu'on
dépouille ma place des décorations qu'elle avait eues précédemment et
qu'on n'a attaquées que depuis la formation du nouveau Conseil politique
et du séjour de N....

Comme je ne vous dissimulerai pas que le voyage de Paris n'est pas
de mon goût à l'âge où je suis, j'ai imaginé de communiquer un projet
au Conseil de ville que vous trouverez ci-inclus.

Après toutes les bontés que vous avez eues pour moi dans toutes les
secousses que j'ai eues à éprouver, je croirais vous manquer si je
faisais cette démarche sans vous l'avoir communiquée et que je différe-
rai jusqu'à votre réponse. Voici donc qu'elle serait mon idée : je porterais
moi-même ce projet à M; Demorez, je le prierais de l'examiner avec
tels conseillers qu'il voudrait choisir et lorsqu'ils auraient fait leurs
réflexions, je les prierais de trouver bon que je me rendisse à la commis-
sion pour discuter honnêtement les raisons qu'ils pourraient alléguer ;
et, dans la supposition que de part et d'autre on peut convenir de
quelque chose, nous vous le communiquerions et j'espère qu'en suivant
votre penchant pour la paix et la concorde vous voudriez bien faire rendre
un arrêt du Conseil pour donner la célérité à un arrangement dont on
serait convenu à l'amiable ; mais si vous n'approuvez pas cette idée, je
me rendrai à Montpellier pour en conférer avec vous, je ne puis rester
plus longtemps dans cet état de violence de me voir tous les jours
exposé à de nouvelles difficultés, je partirais pour Paris pour faire
valoir de vive voix mes raisons, et j'espère de la justice du roi que lorsque j'aurai fait connaître et l'honnêteté de mes procédés vis-à-vis la ville,
et les auteurs de tous les troubles que j'éprouve depuis peu d'années on
me rendra la justice qui m'est due et qu'on ne voudra pas dégrader une
place qui par mille raisons mérite de conserver les honneurs et les prérogatives qui lui ont été précédemment attachés. Je suis... (Voir plus bas
la curieuse réponse de l'Intendant page 52). — *Arch. dép.* C. 894.

« suggérer. Liberté trop précieuse aux citoyens et qui inté-
« resse trop la Communauté pour que les administrateurs
« auxquels elle confie le maintien de ses droits puissent
« en départir, ni permettre qu'on y apporte la moindre
« atteinte. » Ils n'hésitaient pas, d'ailleurs à faire un vif
éloge de l'Evêque et insinuaient que les grands bienfaits
de ce généreux prélat lui méritaient la reconnaissance.
Grâce à lui la paix a régné dans Nimes. Cette ville, disaient-
ils, « a le bonheur de faire l'épreuve depuis quarante ans
« que Mgr l'Evêque force par ses bienfaits la reconnaissan-
« ce publique. » La population se rappelle « ces fonds
« versés à pleines mains pour la subsistance d'un peuple
« d'ouvriers qu'il est si important à nos fabriques de con-
« server dans les temps si difficiles où elles ne peuvent
« elles-mêmes les occuper. » Il faut dire que dans cette
lutte les villes combattaient avec leurs évêques à armes
inégales. Le roi réservait ses faveurs plutôt à ceux-ci qu'aux
premières, parce qu'il n'avait pas à craindre la puissance
Seigneuriale soit laïque, soit ecclésiastique qui lui était parfaitement soumise. Il avait plus à redouter, dans la deuxième
partie du xviiiᵉ siècle, des mouvements du peuple bourgeois
qui commençait à remuer. D'ailleurs, le souverain ne voulait
pas ignorer ou négliger des titres qui se recommandaient
par leur origine en quelque sorte sacrée, puisqu'ils venaient
des mains de ses ancêtres.

Il n'était pas rare, en outre, que la cause de l'Evêque
portée aux Etats n'y fût ardemment soutenue, par esprit de
caste autant que par justice. Cependant lorsque les demandes des villes reposaient sur des titres récents et authentiques, les Evêques et les Seigneurs laïques ne pouvaient
s'empêcher de les reconnaître. Le roi les y obligeait. Citons
un exemple. Par arrêt du 27 décembre 1746, la Cour avait
accordé aux villes et Communautés de la Généralité de

Soissons le droit de procéder à l'élection des magistrats municipaux. Les officiers de la justice Seigneuriale de Vervins contestèrent, en 1717, ce droit à la ville. Le Seigneur soutenait que son bailli devait présider les assemblées électives. Le roi par un autre arrêt du 9 mai 1747, défendit aux Seigneurs tant laïques qu'ecclésiastiques de briguer à l'avenir la présidence, voulant que les assemblées générales et particulières fussent présidées par le maire ou par le lieutenant du maire « à l'exclusion du bailli et de tous officiers royaux ou seigneuriaux, » leur interdisant « de s'immiscer directement ou indirectement dans l'administration municipale. » Ainsi ces procès se terminaient quelquefois en faveur des municipalités. Au fond, un grand nombre ne roulaient que sur des droits honorifiques auxquels les Evêques tenaient cependant et qu'ils entendaient garder pour ne pas diminuer l'héritage de leur église. Ils ont même beaucoup trop insisté en les défendant, puisque leurs plaintes souvent réitérées finissaient par devenir importunes aux Ministres et s'attiraient des réflexions comme la suivante :

L'Intendant du Languedoc répondant à la lettre citée plus haut page 49, que lui adressait l'évêque de Nimes lui disait (17 mars 1779) : Je n'ai pu, Monseigneur, répondre par le dernier courrier, à la lettre que vous m'avez fait l'honneur de m'écrire. Il est très vrai que j'ai eu celui de vous dire, à mon dernier passage à Nimes, que supposé que Messieurs de l'Hôtel de Ville persistassent dans la difficulté qui s'était élevée en en rendant compte au Ministre je tâcherais de faire insérer dans la lettre qui leur serait écrite, quelque chose de relatif à vos successeurs dont vous vouliez réserver les droits. Mais, ces Messieurs s'étant conformés à la décision que je leur ai donnée, relativement aux honneurs qu'il avait été d'usage de nous rendre, je ne

suis plus, très heureusement, dans le cas d'écrire au Ministre. Je dis très heureusement, car je vous *avouerai franche-
ment que toutes ces contestations les ennuient fort*. On a
voulu vous éviter un procès et des discussions sans fin avec
la ville, en ordonnant à ses administrateurs de faire pour
vous, personnellement, tout ce qui avait été pratiqué en
votre faveur, et vous méritiez à tous égards une décision
pareille. Contentez-vous, si vous m'en croyez, Monseigneur,
de la voir exécuter dans toute son étendue, et n'allez pas
faire revivre un procès qui vous tourmenterait et qu'on a
voulu vous éviter. Soyez sûrs que vos successeurs feront
bien valoir leurs droits et qu'il est indispensable qu'on les
règle d'une façon ou l'autre. Je sais que M. de Peugord
pense absolument de même que moi à cet égard. Nous
sommes certainement de vos amis et je souhaite que vous
suiviez notre conseil pour votre tranquillité et votre agré-
ment. Mais, s'il en est autrement, je ne saurais adresser à
l'administration le mémoire que vous avez bien voulu me
communiquer parce il est possible que je sois consulté la-
dessus. Je vous préviens même, d'avance, qu'il éprouvera
les plus grands obstacles. Mon père, auquel j'en ai fait part
et qui vous offre son hommage, le pense de même. J'ai
l'honneur (1)...

Cette réponse peu encourageante pour le prélat, était dans
le fond, sage, mais elle n'arrêta pas les revendications des
évêques et les conflits pareils à celui-là se multiplièrent
jusqu'à la Révolution.

(1) *Arch. Dép.* C. 891.

§ 4. — Coalition des bourgeois et des hommes d'Eglise contre l'Evêque, présage de la Révolution.

Les bourgeois des villes soumises à la juridiction seigneu-riale de l'évêque ont essayé de mettre à profit les divisions qui se produisaient entre lui et les autres autorités ecclé-siastiques pour usurper quelques droits. Il n'était pas rare, au XVIIIe siècle, que les chapitres cathédraux entrassent en conflit avec leur ordinaire non seulement sur les matières religieuses, mais encore sur d'autres objets qui s'en appro-chaient plus ou moins. Quelques chapitres, en effet, pos-sédaient une juridiction séparée et administraient la justice dans leur temporalité. Comme l'évêque, ils jugeaient le monde des clercs, bénéficiers, chapelains, par un official assisté d'un promoteur et d'un greffier. Ils réunissaient leurs synodes particuliers, visitaient les paroisses de leur mense et pourvoyaient à leurs besoins temporels et spirituels. En qualité de Seigneurs, ils nommaient, comme les évêques, des officiers dans les différentes communes, percevaient des droits qu'ils ne laissaient pas périmer et les défendaient, au contraire, avec énergie.

Les chapitres qui étaient soumis à la juridiction épisco-pale avaient une tendance à s'arroger des droits que l'évê-que revendiquait pour son siège. — En 1731, celui de la cathédrale de Montpellier qui ne jouissait pas de l'exemp-tion, s'était permis de décréter une procession générale, à l'occasion de la sécheresse. L'Evêque traita cette décision d'attentatoire à sa juridiction. Il obtint du Parlement de Toulouse, un arrêt qu'il signifia aux chanoines, par lequel il était reconnu que « la police extérieure des églises de son diocèse ayant trait aux sonneries générales, processions et prière publique » appartenait à l'ordinaire et que les ordonnances épiscopales rendues sur ces objets « devaient « être exécutés tant par le Chapitre que par toutes les « autres communautés ecclésiastiques séculières et régu- « lières à peine de désobéissance ». L'arrêt ajoutait que s'il s'élevait des contestations il fallait se pourvoir devant le premier magistrat requis sur les lieux.

Le Chapitre reconnut bénévolement que l'Evêque seul avait le droit de police extérieure sur toutes les églises de son diocèse (1).

Quelquefois c'était au sein des délibérations du chapitre que l'Evêque entrait en contestation avec ses chanoines sur les diverses affaires de l'administration. Comme il était membre du corps capitulaire, il avait voix délibérative, et même prépondérante.

Bien que les uns et les autres essayassent de maintenir entre eux l'unité de vues, (2) ils rencontraient maintes occasions de querelles. Ainsi comme beaucoup de Chapitres concouraient à la création ou au maintien des établissements religieux : collèges, hôpitaux, etc., auxquels ils affectaient des prébendes ou des revenus quelquefois considérables, ils entendaient y exercer quelque autorité et ne manquaient pas de montrer leur mécontentement, quand l'évêque paraissait ignorer leurs services.

Il est arrivé alors que les laïques, les magistrats des villes, par exemple, prenant fait et cause pour l'un d'eux entrait en lutte afin d'aider le plus faible à vaincre le plus fort. Qu'un chapitre cathédral se soit ligué avec l'Hôtel de

---

(1) *Arch. dép.* Délib. du Chap. cathéd. de Montpellier.

(2) Mgr l'Evêque a dit qu'étant sur le point d'aller à Paris, il a cru qu'il ne devait point partir sans offrir au chapitre tous les services dont il est capable. Il le prie d'être persuadé de ses bonnes intentions et du désir qu'il a de lui plaire. — Janv. 1905. *Ibid.*

Ville pour combattre le maître commun, voilà un fait assez curieux pour mériter de ne pas être passé sous silence.

Le dernier évêque d'Agde, Mgr de Saint-Simon que la Révolution fit monter sur l'échafaud et qui, en dépit d'une santé délicate, supporta son supplice avec une foi héroïque, dut subir un véritable assaut de la part de ses chanoines coalisés avec les conseils de la municipalité.

Il y avait alors dans la ville d'Agde comme un foyer puissant d'insurrection dont l'influence gagnait peu à peu tout le monde. C'était le syndicat des brûleurs de Marseillan dont les membres peuplaient le consulat et le conseil politique et qui leur dictait toutes les décisions. L'Evêque se plaignit dans un mémoire qu'il adressa, en 1778, à l'Intendant (1), de l'esprit de révolte que soufflaient les syndiqués qui semaient le trouble dans son diocèse, comme le faisaient, disait-il, « dans le reste du royaume les associations ouvrières », jetant par le mensonge et la calomnie le discrédit sur l'autorité légitime. Il expliquait comment ils avaient amené deux professeurs du collège à se révolter contre lui et à refuser de se soumettre à ses ordres, comment le chapitre, sans craindre le scandale, s'était uni aux laïques pour lui signifier d'un commun accord un acte insolent. Ils lui reprochaient, disait-il, « des négligences et de l'indifférence dans le choix des régents », le mépris du « caractère sacerdotal », « l'indécence » envers les députés du collège de la ville qui s'étaient présentés chez lui ; ils le sommaient enfin, dans cet acte, de convoquer le bureau du collège, protestant, en cas de refus, qu'ils se pourvoieraient à qui de droit. Ils fondaient la légitimité de leur intervention : « 1° Sur les transactions de 1674 et 1691...; 2° Sur l'intérêt évident qu'ils avaient au succès du collège ; 3° sur ce

(1) *Arch. dép.*, C. 895.

qu'ils ont fait la principale dépense de son établissement et qu'ils font journellemnnt les principaux frais de son entretien ». L'hôtel de ville lui n'intervenait que pour essayer de gagner quelque chose à la faveur de cette division : alléger le joug seigneurial, diminuer les privilèges et les droits de l'évêque et le plus possible s'élever en diminuant son autorité. C'est bien aussi ce que reprochait aux magistrats rebelles Mgr de Saint-Simon : « La vexation que j'éprouve, écrit-il à l'Intendant (15 oct. 1778) de la part du nouveau conseil politique vous est connue »... Les magistrats, « ont rompu avec l'usage selon lequel, ils demandent à l'évêque la permission des œufs, du lait, du fromage. Ils ne font plus les proclamations, au nom de l'évêque, malgré un usage immémorial. Ils lui enlèvent la haute police, « l'administration du collège, sur un point : la nomination des régents durant l'année, droit « dont le moindre curé de village » jouit sans être inquiété.

Ils ont poussé l'audace jusqu'à mettre à l'amende son procureur fiscal, et cela, deux fois. Ils n'ont plus voulu lui reconnaître le ban des vendanges qui « est un droit essentiel de la haute justice et mis au rang des honorifiques des seigneurs... (1) En ma qualité de Seigneur je jouis du droit des vendanges deux jours avant les autres... Les syndiqués me l'ayant refusé en 1767, j'eus un arrêt du Parlement en 1768 conforme au droit commun des Seigneurs dans la province. Depuis lors le jour de la vendange se décidait amiablement entre les consuls et le Seigneur évêque ».

Ces plaintes du prélat firent impression sur l'Intendant qui ordonna le maintien de ses droits. Mais l'accord ne se

(1) Le ban des vendanges consistait à faire déterminer par les officiers de l'évêque, sur les arrêts des consuls, le temps auquel on devait commencer les vendanges ; l'Evêque commençait à vendanger deux jours avant tout le monde.

fit pas entre le prélat et ses adversaires qui profitèrent de toutes les occasions pour le vexer. Les troubles continuèrent dans la ville et furent si graves que le malheureux évêque qui en souffrit cruellement, puisque plus de la moitié de son clergé n'osait pas le visiter, y reconnut l'indice de la révolution qui devait éclater quelques années plus tard et dont son Mémoire annonce déjà les premiers bruits.

On enregistrerait un grand nombre de faits témoignant de l'impatience des bourgeois à jouer un rôle de plus en plus important dans les villes; s'alliant avec quiconque avait à se plaindre de ceux qui détenaient une part de l'autorité pour les affaiblir en favorisant leur division. Cette tactique variait, selon les milieux; et l'habileté de ces hommes travaillant à miner des institutions si anciennes qui ne voulaient pas mourir, n'avait d'égale que la persévérance avec laquelle ils ont lutté. Le tiers-état qui jusqu'alors était resté dans l'ombre recommençait à lever hardiment la tête et semblait résolu à jouer un rôle politique prépondérant.

En attendant, son ambition consistait à faire de l'hôtel de ville l'unique centre de la juridiction.

CHAPITRE IV

1° Les Intendants et les Evêques. Leur entente cordiale; 2° Leurs conflits. Levée de boucliers des évêques languedociens.

§ I. — Les Intendants et les Evêques. Leur entente cordiale.

Les Intendants, au xviiie siècle, étaient les véritables souverains des provinces qu'ils administraient, jouissant de pouvoirs illimités comme le roi lui-même. Ils s'intitulaient depuis Richelieu « intendants de justice, police et finances », et même de « Religion », auraient-ils pu ajouter, car nulle affaire ne leur échappait de quelque nature qu'elle fût. Leur action s'étendait jusqu'aux matières religieuses, qu'ils réglementaient, selon les volontés royales. Si, par cette redoutable institution, le célèbre cardinal « blessait, selon la pittoresque expression de Retz, « la noblesse dans la prunelle de l'œil », il n'atteignait pas moins le corps du clergé lui-même. Néanmoins, il faut ajouter que les relations de ces fonctionnaires avec les évêques furent généralement empreintes de cordialité. Sans doute, leurs points de contact étant nombreux, puisque, dans l'ancien régime, les affaires politiques et les affaires religieuses se confondaient, ils trouvaient beaucoup d'occasions de se froisser mutuellement. Mais les uns et les autres, quoique très jaloux de leur autorité, évitaient le plus possible les occasions de rupture. L'évêque d'Alais à l'assemblée de l'assiette

du 3 avril 1755, faisait observer que le diocèse désirait
« n'avoir aucune discussion avec M. l'Intendant qui lui mar-
« quait avoir beaucoup d'envie de se concilier avec lui » (1).
A l'assemblée des Etats du Languedoc de 1705, l'évêque de
Saint-Pons, Quesnel, s'était permis d'insinuer que les
demandes faites par l'Intendant, au nom du roi, ne devraient
être acceptées que sous conditions. Et à ce propos, il
exprima devant les députés qui n'avaient pas l'habitude
d'entendre une interpellation aussi franche et juste le désir
de connaître les détails de l'administration, et, en particulier
la véritable situation financière de la province. « Ce n'est
pas, lui répartit Dillon, archevêque, de Narbonne, comme
au Parlement, la forme de nos assemblées n'admet aucune
discussion. » Ainsi dans la généralité des cas, le clergé
s'efforçait d'entretenir la paix avec le puissant fonctionnaire
pour le bien des administrés. Les relations qu'ils entretin-
rent portaient sur toutes sortes d'objets : l'armée, la marine,
la politique, les travaux publics, les écoles, les arts, la religion. Les lettres qu'ils ont échangées entre eux sont pleines
d'intérêt à cet égard et traduisent bien le rôle qu'exerçaient
alors les Evêques. Nul fonctionnaire n'était mieux placé
qu'eux pour connaître la situation et les besoins divers des
diocèses; et comme, d'ailleurs, leur culture intellectuelle
était généralement très supérieure, leurs renseignements
prenaient aux yeux de l'Intendant une valeur précieuse.

Nous lisons, dans les *Annales du Midi* de l'année 1891,
plusieurs lettres de quelques prélats du Languedoc à l'Intendant, le fameux Bâville, célèbre par la rudesse avec laquelle
il administra la province. Elles sont écrites dans cette lan-
gue du XVIIIe siècle naissant encore classique, mais donnant
déjà des indices de cette liberté d'allure vive et légèrement

(1) *Arch. dép.* C. 3344-3361.

moqueuse qui distingue la littérature de ce siècle déca-
dant.

Le 4 août 1707, l'archevêque d'Albi, Henri de Nesmond
adresse à Bâville une lettre curieuse qui témoigne de son
patriotisme. Ayant appris la descente probable des ennemis
sur les côtes du Languedoc il lui propose des secours.
« Nous pouvons vous offrir un détachement de quatre ou
cinq cents hommes de nos milices bien armés »... Nous
« avons la permission de M. de Chamillon ». Le vaillant
archevêque expose à l'Intendant le désir qu'il éprouve de se
rendre auprès de lui pour étudier ensemble les moyens de
battre les ennemis.

L'Evêque d'Agde, de Feuquières, qui avait écrit à Bâville
le 5 mars 1706, sur l'étrangeté d'une fête bouffonne qu'il ne
parvenait pas à supprimer, dans Pomerols, localité de son
diocèse, lui en adressa une autre plus importante, et peu
respectueuse sur la dîme. A cause du grand hiver de 1709,
le roi avait publié une ordonnance qui visait la supres-
sion de la dîme. L'Evêque d'Agde se plaignait de cette
mesure à Bâville. « Ce ne peut être, écrit-il, qu'un hérétique,
un schismatique, un juif, un païen, un rustre qui ait imaginé cette déclaration (du roi). Il n'y a rien de si contraire
à la foi et à la religion que de ne pas payer la dîme. » « Nous
avons bien d'autres affaires, lui répondit le rude Intendant,
que de penser à vous faire payer vos dîmes. Voilà un grand
malheur quand les Evêques du Languedoc ne dîmeraient
pas cette année ! » Bâville ne ménageait guère quiconque
n'obéissait pas aux ordres qu'il avait la charge de faire
exécuter. Il ne se troublait pas davantage quand il jugeait
nécessaire de rappeler les Evêques eux-mêmes aux devoirs
de leurs charges. Il a écrit, dans ses « mémoires pour servir à l'histoire du Languedoc, » que le plus solide et le plus
efficace moyen pour améliorer l'état de la religion, c'était

de former un bon clergé. Pour obtenir cette formation, de l'esprit clérical qu'il rêvait, il a encouragé les Evêques zélés et sévèrement réprimandé, comme le ferait un Pape, ceux qui oubliaient leur caractère. Témoin la terrible lettre qu'il adressait, vers le même temps que sa réponse à Mgr de Feuquières, à l'Evêque de Viviers, Ch. Ant. de la Garde de Chambonas, qui cependant avait pour devise : « J'ai pour règle Dieu, le roi, l'Etat et mes amis ». Après lui avoir reproché ses négligences, ses rancunes, son avarice et son esprit mondain il ajoute cruellement... « Croyez-vous que Dieu vous tienne compte des charités modiques que vous faites quelquefois distribuer aux pauvres, moins par une louable compassion que pour ajouter à vos autres crimes celui de l'hypocrisie ?... tandis que vous amassez des trésors immenses pour soutenir l'orgueil et le faste de votre maison que vous devriez retenir par votre exemple dans les bornes d'une modestie chrétienne. »

Il est certain que dans le cours du XVIIIe siècle ; s'il y avait beaucoup de prélats zélés, modestes et charitables, si beaucoup laissaient leurs biens aux pauvres en mourant (1) plusieurs vivaient dans un faste qui ne pouvait que scandaliser. Quelques-uns de ces derniers fréquentaient les sociétés qui se formaient au nom de la science contre la religion. Amis des arts, bibliophiles distingués, ils ramassaient dans leurs palais des chefs-d'œuvres de toutes sortes. Beaucoup savaient concilier l'amour de la religion avec le désir de s'instruire ; d'autres trop engagés dans les relations du monde oubliaient leurs diocèses. Nous venons de voir que l'Intendant se chargeait de les rappeler à leurs véritables missions, sans les ménager. Heureusement la

(1) Remarque d'un receveur général des domaines, Maréchal dans la généralité de Metz. — *Arch. hôp. gén.* B. 178.

plupart des prélats au XVIIIᵉ siècle, s'occupaient sérieuse-
ment non seulement de l'administration religieuse, mais
encore du bien-être matériel des populations. Nous ne
dirons qu'un mot des nombreuses correspondances échangées entre eux et l'Intendant sur les troubles du protestan-
tisme. Par la révocation de l'Edit de Nantes, Louis XIV
avait maladroitement jeté le désordre dans les diocèses. A
tout moment, les Evêques avaient à s'occuper de questions
insolubles qu'ils essayaient de régler, mais qui renaissaient
toujours. La loi obligeait les protestants à envoyer leurs
enfants à l'école catholique, à se marier à l'Eglise ; même
chose singulière, parmi tant d'autres, à n'employer, au
besoin, que des sages-femmes catholiques (1). Les arrêts
et ordonnances parus sur ces matières ne péchaient pas
par excès de clarté ni de bon sens.

L'Intendant paraissait aussi embarrassé que les prélats et
ne trouvait d'autres moyens de résoudre les difficultés
que l'emploi de la force. Baville en fait l'aveu dans ses
« Mémoires ».

Mais nous avons vu plus haut que le clergé s'occupait
heureusement de beaucoup d'autres choses qui l'intéres-
saient plus que les « dragonnades ». Leurs relations avec
l'Intendant étaient ininterrompues et variées.

Ils avaient sans cesse besoin d'éclaircissements détaillés,
car leur désir de bien faire et aussi de plaire au roi les rendait incertains sur la conduite à tenir.

« Je croyais, écrit l'évêque de Montauban (2) à l'Intendant,
le 5 avril 1735, être parfaitement au fait de l'imposition pour
la capitation de mon diocèse, après tout ce que je vous

----

(1) Le curé de Graissessac déclare « qu'il n'est jamais averti de la
naissance des enfants, à cause qu'on ne veut pas se servir de la sage-
femme approuvée par l'Evêque. » — *Arch. dép.*, C. 208.

(2) *Arch. dép.*, C. 1720.

entendis dire dans votre cabinet un jour que je m'y trouvais avec M. l'Archevêque de Toulouse et M. de Mirepoix. Mais aujourd'hui que je suis à la veille de l'imposer, je vois partout des difficultés insurmontables.» Cet évêque rappelle le fonctionnaire romain embarrassé et sans initiative qui soumettait la moindre affaire à l'empereur Trajan et lui demandait une ligne de conduite dont il ne devait pas s'écarter. Parlant donc de l'imposition qui fait l'objet de ses incertitudes, le prélat ajoute à l'Intendant. «1° On l'a augmentée pour ce diocèse à un point qui fait déjà crier tout le monde; 2° Suivant le procès-verbal de M. le Commissaire, il faut refaire partout l'imposition; vous étiez de ce sentiment autant que je puis m'en souvenir; 3° Si nous voulons imposer par État et non par personne... nous n'en viendrons jamais à bout; 4° Il est très dangereux de faire tout d'un coup un grand changement, de le faire même sur ce qu'il y a de plus riche, cela est capable d'exciter un grand trouble, les personnes considérables et riches étant ordinairement à la tête des affaires et des peuples; 5° Si nous imposons les particuliers avant d'imposer les communautés, ce sera comme un miracle, si nous parvenons à la somme totale imposée; 6° Nous n'avons aucune règle pour faire cette imposition sur chaque particulier; car à quel denier devons-nous les imposer? A raison de leurs revenus? Comment connaîtrons-nous nous-mêmes le revenu et les charges dont il est grevé? Je vous prie humblement, Monsieur, de donner bientôt les éclaircissements nécessaires, et, si vous pouvez, modérer 40.000 francs qu'il nous en coûtera de capitation, de vouloir bien le faire, ou de m'indiquer les moyens pour y parvenir. Je vous en aurai une vraie obligation et serai toujours avec respect... Michel, Ev. de Montauban.»

L'Evêque d'Alais, en 1755, dispute à l'Intendant le droit

de nommer l'inspecteur des chemins du diocèse. Il observe (1)
« qu'à considérer le dernier état de choses on aurait cru que
le choix de cette place lui appartenait et que M. l'Intendant
même à qui il avait eu l'honneur d'en parler à la fin des derniers États avait paru penser de même. Mais que depuis ce
temps là il lui avait fait l'honneur de lui écrire, qu'il avait reçu
des éclaircissements qui établissaient son droit de nommer
à cette place, que pour le prouver il m'envoyait, dit l'Evêque,
un mémoire me priant de le lui renvoyer avec les observations que ferait le diocèse. Je répondis à M. l'Intendant pour
lui accuser réception de son mémoire et pour lui marquer
en même temps d'attendre la réponse qu'il demandait. » Cette
réponse conclue au maintien de l'usage ancien, d'après lequel,
c'est l'évêque qui nomme les inspecteurs des chemins. « Sans
doute, ajoutait le prélat, M. Bàville, en 1710, avait rompu
avec la tradition, mais cette innovation considérée comme
abusive avait été combattue. » Saint Priest ne goûta pas cette
explication et soutint que les commissaires du diocèse
devaient de tout temps prévenir l'Intendant sur tous les
détails de l'administration qui concernaient les chemins, non
seulement ceux que l'on appelait royaux, comme les chemins des Cévennes, mais encore les autres qui étaient à la
charge des communautés. Autre difficulté soumise à l'autorité de l'Intendant, en 1758, par l'évêque de Castres (2)
qui lui adresse des lettres et mémoire, lui demandant des
éclaircissements et des décharges d'impôts en faveur des
habitants de son diocèse. Une discussion s'élève entre eux
pour savoir à qui doivent être communiquées d'abord les
demandes de « modération ». Au syndic ou bien aux officiers municipaux ? En 1758, l'Intendant décide que cette
communication sera faite aux commissaires du diocèse.

(1) *Arch. dép.*, C. 3344 à 3361.
(2) *Ibid.*, C. 1729.

§ 2. — Leurs conflits. Levée de boucliers des évêques languedociens.

Il est arrivé que le Gouvernement ait pris ombrage de l'influence trop active de l'évêque.

L'histoire du Languedoc fournit des preuves d'antagonisme entre l'épiscopat et l'Intendant, qui n'agissant que selon les ordres de la Cour, n'entendait souffrir aucune velléité d'indépendance. Il ne faudrait pas toutefois s'imaginer que les évêques fussent enclins à se rebeller contre les représentants de l'autorité royale. Ce serait se faire une fausse idée de la situation et du caractère des hommes. En ce temps, nous l'avons dit, les prélats s'efforçaient de plaire à l'Intendant et de n'agir que conformément à ses vues. Les preuves de l'antagonisme dont nous parlons existent, mais elles sont assez rares. Dans le Languedoc, nous en trouvons une fort importante qui mérite d'être signalée. Lors de l'annexion de la Lorraine, à la France, par le troisième traité de Vienne en 1738, le contrôleur général avait adressé une lettre aux archevêques et évêques des pays nouvellement annexés pour les obliger eux et tous les ecclésiastiques de leurs diocèses à fournir des déclarations de leurs temporels ou aux Intendants ou à leurs subdélégués. Le clergé lorrain devait être compris dans les rôles du vingtième de la même manière que les autres sujets de Sa Majesté. L'Intendant de Metz à son tour rendit une ordonnance le 6 juillet 1750 dans laquelle il disait : « Vu l'édit du roi, de Mai 1749, nous enjoignons à tous les ecclésiastiques de fournir des déclarations de leur temporel » (1),

(1) Arch. dép., C. 831.

pour être compris dans le rôle du vingtième. Sans doute cette mesure ne visait que le diocèse lorrain, mais les évêques du Languedoc ne se méprirent pas sur sa portée et se crurent indirectement atteints. Ils adressèrent au roi des « Représentations » dont le ton énergique déplut à Sa Majesté : « Sire, disaient-ils, le clergé de votre royaume est
« accoutumé depuis longtemps à se faire entendre à Sa
« Majesté pour lui présenter ses hommages et ses vœux ou
« pour lui offrir des secours dans les pressants besoins de
« l'État. Il serait bien consolant pour lui dans un moment
« où les peuples soumis à votre domination jouissent d'une
« tranquillité qu'ils doivent à votre courage, de n'avoir qu'à
« vous peindre sa satisfaction. Mais un événement auquel
« rien ne devait le préparer amène aux pieds du trône les
« ministres de la religion justement effrayés des atteintes
« que l'on veut porter aux immunités de l'Église... Cet édit
« ne renferme rien qui doive donner la moindre inquiétude
« au clergé, si M. le Contrôleur n'avait pas excité ses alar-
« mes par une lettre, qu'il a écrite aux archevêques et évê-
« ques des pays conquis, par laquelle il prétend les assujetir
« eux et tous les ecclésiastiques de leurs diocèses à fournir
« des déclarations de leur temporel à MM. les Intendants
« pour être compris dans les rôles du xx° de la même
« manière que les autres sujets de votre Majesté... Les
« immunités que nous réclamons sont essentiellement
« liées avec la constitution du Gouvernement. Tous les corps
« de l'État jouissent des privilèges qui les distinguent, le
« clergé dont les biens sont spécialement consacrés à Dieu
« a des prérogatives beaucoup plus étendues. Il est exempt
« de toutes impositions. Ce n'est pas à dire qu'il ne donne
« rien au roi, car c'est le corps qui donne le plus. Ce qui
« fâche le clergé encore c'est la manière dont on lui enlève
« ses droits... Quoi, Sire, les Églises les plus recommanda-

« bles du royaume, se verraient enlever par une simple
« lettre du ministre des immunités dont elles jouissent
« depuis plusieurs siècles... L'Intendant de Metz a mis le
« comble à notre surprise par l'ordonnance où il dit que
« vu l'édit du roi, nous enjoignons à tous les ecclésiasti-
« ques de fournir des déclarations de leur temporel pour
« être compris dans le rôle du xxe... De quelles alarmes ne
« seront pas agitées un très grand nombre de familles qui
« nous ont prêté plus de soixante millions que nous avons
« versés dans le trésor de Votre Majesté, si le clergé était
« dépouillé de toutes ses immunités ».

Le Roi répondit à cette levée de boucliers des évêques languedociens par une véritable lettre de cachet
qui ordonnait, à l'Intendant, de disperser les Etats,
sans retard. Deux ans après cependant, il consentit à les
réunir de nouveau. Les Evêques y retournèrent non sans
quelque ressentiment qu'ils firent essuyer au représentant
du Roi ; ne pouvant supporter l'idée que leurs privilèges
fussent méconnus et foulés aux pieds. L'Intendant se plaignit très amèrement de leur mauvaise humeur dans une
longue lettre qu'il adressa au Contrôleur général (1). « Il est
tout simple, lui dit il, qu'un Intendant du Languedoc
éprouve des contradictions, parce que ses ordres et les
droits de la place qui lui est confiée ne s'accordent pas toujours avec la prétention des Etats. D'ailleurs, depuis la
Séparation de 1750, il s'est répandu un esprit de méfiance
de la part des évêques que j'ose dire être déplacée, j'en
aurais pour garant tout le reste de la province ». Il fait un
tableau des taquineries et vexations que les prélats lui
font sentir et dont il donne un curieux exemple.

Un arrêt du Conseil venait d'autoriser l'Intendant à trou-

(1) *Arch. dép.* C. 866.

ver les moyens les plus convenables pour aider les habitants de la province, gênés par l'insuffisance des récoltes de 1755, à payer leurs impositions. « Pour procéder à cette opération, dit-il, j'écrivis au Trésorier de la Bourse (1) pour le prier de m'envoyer un état à colonnes contenant dans la première, les sommes imposées, diocèse par diocèse ; dans la seconde, la somme qui avait été portée, et, dans la troisième, ce qui lui restait à recouvrer... Le Trésorier de la Bourse me dit que s'il me délivrait l'état en question, il craignait de se faire une affaire avec Mgr l'Archevêque de Narbonne ». Sur cette réponse, l'Intendant donna au Trésorier le conseil d'en parler à ce prélat et exigea qu'il lui répondît et lui donnât satisfaction. Mais on lui apprit qu'il en était empêché par les ordres de l'Archevêque. Le Trésorier craignant de déplaire à son supérieur ecclésiastique engagea l'Intendant à s'adresser à celui-ci directement. Le duc de Mirepoix, gouverneur, fut du même avis. Il conseilla à l'Intendant de parler de l'affaire à l'Archevêque « par forme de conversation » sans même lui dire l'usage qu'il voulait faire de l'écrit à trois colonnes. Mais le prélat discrètement interrogé répondit à l'Intendant que sa demande lui paraissait « une nouveauté », il « l'avertissait en ami qu'il fallait « vivre comme l'avaient fait ses prédécesseurs ». Cependant après quelques explications, le prélat eut l'air de céder de bon gré et le félicita même de sa sollicitude, lui promettant de l'aider à obtenir l'écrit qu'il désirait. Le Trésorier « envoya l'état et eut une grande attention » de marquer qu'il l'adressait pour se conformer aux ordres de son supérieur, « motif qui eut pu être passé sous silence », ajoute l'Intendant blessé. Celui-ci, trouvant « l'état » insuffisant ordonna à ses subdélégués de demander des éclair-

____

(1) C'était le Trésorier des Etats.

cissements aux receveurs des diocèses qui se trouvaient alors à Montpellier. Mais ces derniers se refusèrent à les donner : « Je vis un beau matin, poursuit l'Intendant, cinq ou six évêques et presque tous les barons arriver chez moi, et Mgr de Carcassonne portant la parole, me faire des reproches sur la lettre que j'avais écrite aux receveurs et par laquelle je prenais visiblement sur l'Administration de la province, attendu, disait-il, que ces sortes de comptables étaient leurs gens, et qu'étant leurs garants pour les recouvrements dont ils étaient chargés, ils ne pouvaient recevoir d'ordres que des États ou des diocèses particuliers. Ce prélat termina son discours par me faire sentir à plusieurs reprises toute la reconnaissance que devait m'inspirer la démarche qu'on faisait vis-à-vis de moi et par me proposer de prendre les mesures convenables pour remédier à ce que j'avais fait ; avec d'autant plus de raison qu'ayant reconnu moi-même que je ne pouvais rien exiger du Trésorier de la Bourse qu'en m'adressant directement à l'Archevêque qui lui donnait ses ordres, par une conséquence nécessaire je n'avais rien à prétendre des receveurs qu'en prévenant les Évêques qui leur prescrivaient ce qu'ils avaient à faire » A cette amère leçon l'Intendant répondit : « que les receveurs étant admis à la Chambre des Comptes passaient à ses yeux pour des officiers du Roi et qu'il ne croyait pas avoir fait une brèche à l'administration de la province en demandant des notes par le ministère de ses subdélégués. Il ajouta qu'il craindrait de déshonorer les ministres de Sa Majesté s'il se refusait à lui-même le droit de demander des éclaircissements, qu'il jugeait nécessaires. »

Depuis longtemps, le Clergé n'avait pas montré un esprit de résistance aussi déterminé. Pour trancher le différend, le duc de Mirepoix et l'Évêque du Puy furent appelés à juger les deux parties. Ils proposèrent divers expédients qui tendaient à faire déclarer que l'Intendant n'avait rien à demander aux receveurs, mais qu'il devait directement s'adresser aux Evêques. Cette ferme attitude de l'épiscopat surprit le tout puissant représentant du Roi qui prit le moyen de laisser tomber la querelle et n'en parla plus. « Et l'on se contenta dans le procès verbal de l'Assemblée (provinciale) de recommander en général à tous les diocèses d'avoir la plus grande attention à ne pas souffrir à ce qu'il fut rien innové dans l'administration confiée aux assiettes ». Le fait de l'inimitié profonde qui pouvait naître entre le clergé supérieur et le gouvernement et cet autre fait que l'épiscopat déployait une activité dans les affaires du royaume, tandis que la noblesse et surtout le Tiers-Etat restaient à peu près toujours effacés, permettent de dire que la prépondérance des Evêques, dans la société de l'Ancien-Régime, est un point incontestable. D'ailleurs, il n'est pas moins certain qu'au XVIIIe siècle l'Episcopat français, quoique inférieur à celui du XVIIe siècle pour la science et pour la valeur morale, conservait encore les traditions d'intelligence forte et de labeur persévérant, dont l'histoire seule de Montpellier nous offre de si beaux exemples.

La plupart des Evêques dans notre pays, appartenaient à la noblesse, même à la haute noblesse. Il n'y avait d'exception que pour les hommes d'un mérite supérieur. Aussi par leur science, leur richesse, leur culture et leur conduite, en général irréprochable ces hommes d'Eglise s'étaient attiré une immense considération.

CHAPITRE V

§ I. — Les Etats du Languedoc : Grande activité des Evêques dans toutes les affaires de l'Administration.

Nous consacrons un chapitre à une étude des Etats du Languedoc, parce que dans nulle autre province, les Evêques n'ont paru aussi nettement marqués de ce double caractère d'hommes d'Eglise et de fonctionnaires civils. On sait que quelques unes des grandes provinces, la Bourgogne, la Bretagne, le Languedoc, et quelques autres petits pays, comme la vicomté de Turenne, étaient encore, au XVIII° siècle des pays d'Etats ; qu'en ces temps de pouvoir absolu, elles avaient une large part dans leur administration intérieure. Les autres pays ne jouissaient pas de ce privilège : les Evêques s'y mêlaient moins des affaires civiles, quoiqu'en cela encore leur rôle fût important.

Le Languedoc, parmi les régions qui possédaient des Etats, présentait une particularité intéressante. Selon le mot de d'Argenson, c'était la seule province où les Evêques fussent restés maîtres des assemblées des trois ordres,

(1) *Mémoires de d'Argenson*, v. 373.

dirigeant eux-mêmes toutes les affaires temporelles et civiles (1). Tandis que, dans la Vicomté de Turenne, par exemple, le clergé, dès le xvi⁰ siècle (1), perdit de son influence dans les Etats, en Languedoc, au contraire l'épiscopat ne laissa rien ruiner de son autorité.

Il était uni avec la noblesse qui avait besoin de lui pour conserver ses privilèges et les hommes du Tiers-Etat étaient encore trop humiliés pour partager réellement la puissance avec les deux premiers ordres du royaume. Il faut avouer que si le Languedoc possédait encore, avant la Révolution, un régime administratif doué de quelque caractère d'autonomie, il le devait aux lumières de ses prélats. Grâce à leur énergie, cette province avait mérité de garder ses privilèges fort anciens. Elle sembla les perdre, un moment, quand elle encourut la disgrâce de Richelieu.

Ils étaient diminués, quand elle plia, comme les autres provinces, sous l'autorité du grand roi. Mais au milieu de bien des vicissitudes, elle sut en garder au moins les apparences. L'administration du Languedoc, sans être irréprochable, était considérée, au xviii⁰ siècle, comme une des meilleures de l'Europe. Elle se faisait remarquer par une parfaite ordonnance. Sans doute la Sénéchaussée (2) et le diocèse (3) s'occupaient respectivement de ce qui les intéressait. Mais les délibérations de leurs assemblées particulières étaient soumises au contrôle des Etats. L'Archevêque de Narbonne disait dans une séance, en 1750, que le gouvernement des diocèses était nécessairement lié avec celui de la province dont il faisait partie. L'assemblée du Languedoc se composait des députés des trois

(1) *Annales du Midi*, 1895.

(2) Il y avait huit sénéchaussées en Languedoc : Toulouse, Castelnaudary, Carcassonne, Limoux, Béziers, Nîmes, Montpellier et Le Puy.

(3) Il y avait vingt-trois diocèses.

ordres : 20 Evêques et 3 Archevêques, 23 barons, 65 représentants du Tiers-Etat ; mais les prélats y jouaient un rôle prépondérant. On ne s'étonnera pas, dit un auteur du xviiie siècle (1) de la part que le clergé possède dans les Etats, si l'on considère que c'est le premier ordre du royaume, que dès le commencement de la monarchie, les Evêques avaient autant et plus de part dans les affaires publiques que les princes et les plus notables de la Couronne. Durant les sessions qui étaient annuelles, ces assemblées nommaient des commissions chargées de préparer et d'étudier les questions qui devaient être soumises à leurs délibérations. Sans doute ces bureaux se composaient de membres pris des trois ordres. Mais les prélats y faisaient la besogne, élaborant et préparant toutes les affaires. Il n'est pas exagéré de dire que presque tous les rapports dont la lecture était toujours faite par l'Evêque en séance solennelle se terminaient invariablement, dans le procès-verbal par cette formule : « Ce qui a été délibéré conformément à l'avis des commissions. » On ne saurait s'imaginer l'activité que déployaient les prélats du Languedoc, dans ces bureaux. Rien ne leur était étranger. Il suffit pour s'en convaincre de lire leurs nombreux rapports composés avec une intelligence et un soin remarquables. Ils entraient dans les plus menus détails de l'administration, s'enquérant des nécessités de la province, des militaires, de l'étape, des impôts, des travaux publics, des villes et villages, entrant dans des considérations d'ordre purement technique, portant leurs observations curieuses sur des objets tout à fait étrangers à leurs fonctions spirituelles, montrant quelquefois autant de compétence pour les affaires de la guerre,

(1) *Cérémonial des Etats du Languedoc*, par DESCUDIER : 1786. Bibl. ville de Montpellier.

de l'agriculture, etc., que pour les questions religieuses. En 1708, l'Evêque d'Agde fait un rapport très précis et très scientifique sur les travaux exécutés au port de Cette, au grau d'Agde sur les routes de la province. La même année, celui de Lodève s'occupe de l'intendance militaire, examine les moyens de liquider la dépense des multiples fournitures de guerre ; ceux de Montpellier et de Rieux présentent leurs rapports, l'un sur la situation des manufactures existant dans le Languedoc, l'autre sur les malheurs des habitants de Cazères, ses diocésains, éprouvés par le débordement de la Garonne. En 1725, l'Evêque d'Alais rappelle la délibération du 11 mars 1723, par laquelle l'Archevêque de Narbonne fut prié de donner les ordres qu'il jugerait à propos pour réparer les dégâts commis par l'Hérault à Montagnac. Le président de l'Assemblée, ajoute le prélat dans son rapport, « ayant pris la peine d'aller sur les lieux avec quelques-uns de MM. les Commissaires avait estimé qu'il fallait travailler incessamment à cet ouvrage et qu'à cet effet, Monseigneur l'Evêque d'Agde en avait passé le bail à MM. les Commissaires de son diocèse. » Ainsi le haut clergé remplissait à l'occasion l'office d'inspecteur des travaux publics, de l'intendance militaire, etc., etc.. C'était l'Evêque encore qui prenait la parole devant Sa Majesté, comme membre de « l'Ambassade » qui était chargé d'offrir, au nom de la province, le don gratuit et le cahier des doléances. Les évêques ambitieux y trouvaient une belle occasion de se distinguer par l'éloquence et l'adresse de leurs compliments, aussi bien que par l'exposé des désirs de l'Assemblée. Il faut ajouter que leurs demandes ne produisaient guère d'impression sur l'esprit de sa majesté : Voici ce qui arrivait fréquemment : « Monseigneur l'Evêque de Montpellier député à la Cour l'année dernière, a dit que l'objet de la députation fut d'abord le soulagement des peuples... » il a représenté avec énergie devant le roi « le poids accablant de la capitation et la nécessité de la diminuer... Les motifs ont été écoutés avec attention ; ils auraient vraisemblablement produit l'effet que l'Assemblée avait lieu d'en attendre ; mais des obstacles insurmontables se sont opposés à l'entier succès de ces demandes.»

§ 2. — Les assemblées des diocèses ou assiettes, sorte de petits Etats dominés encore par l'Evêque.

Malgré l'absolutisme royal, l'initiative ne manquait pas aux évêques dans l'administration du Languedoc, ni leur activité ne faisait défaut. Ils en ont montré, peut-être davantage, dans les assemblées de leurs diocèses que l'on désignait sous le nom « d'assiettes », parce que le contrôle de l'autorité supérieure s'y exerçait moins directement qu'aux Etats. Précisément l'importance de cette administration particulière était devenue si grande, au XVIIIe siècle, qu'elle irritait les partisans des réformes démocratiques à l'aurore de la Révolution. En 1789, un écrivain (1) se plaignait que les assiettes dont l'évêque était le président avaient envahi toutes les parties de l'administration générale, accaparant la principale influence. Cette réflexion était plus juste que celle de Tocqueville qui a écrit : « Le Languedoc a été « administré par des bourgeois que contrôlaient les nobles « et qu'aidaient les évêques » (2). Il faut plutôt dire : Le Languedoc a été administré par les évêques qu'aidaient les nobles et que les bourgeois approuvaient ou laissaient faire. Les assiettes étaient les assemblées diocésaines com-

(1) « De l'Admin. » dioc. du Lang. pour servir d'instruction aux Etats 1789.— Bibl. ville Montpellier.

(2) *L'Ancien Rég. et la Rév.*, p. 302.

posées de gens des trois ordres qui avaient pour mission
d'asseoir les deniers des impositions et des autres dépenses
permises par les États et de les départir sur les communautés. Le jour de l'ouverture de l'assiette, les consuls de
la ville capitale vont chercher le commissaire principal (1)
qu'ils conduisent au palais de l'évêque où tous ceux qui
ont droit d'entrée à l'assemblée doivent se rendre. On part
de là pour se rendre à la messe et au lieu de la réunion
dans l'ordre suivant : L'Évêque marche au milieu en rochet
et en camail, ayant à sa droite le commissaire principal, à
sa gauche, les barons, au deuxième rang, les commissaires
ordinaires, puis les députés des villes. Dans la salle des
séances l'évêque occupe la place du milieu et les députés
se placent dans le parterre. Au début de la séance, le président, l'évêque, invite l'assemblée à procéder à l'élection
ou confirmation du syndic diocésain et à celle du greffier.
C'est entre ses mains que les deux élus jurent « de bien et
fidèlement faire les fonctions de leurs charges ». Le prélat
exhorte ensuite les commissaires à procéder au département des impositions prévues par les États (2).... etc. C'était
l'évêque qui nommait l'inspecteur chargé de visiter le diocèse. Lui-même faisait dresser les « devis et estimations »
des travaux publics, se transportait souvent sur les lieux,
les examinait avec attention, rendant compte à l'assiette de
ses observations et proposait des projets en conséquence.
Devenu par la force des circonstances une sorte d'agent-
voyer ou de surintendant des ponts et chaussées, l'évêque
a rempli cette fonction avec sollicitude. C'est à lui que les
inspecteurs rendaient le compte en recettes et dépenses des
sommes employées aux constructions ou réparations; il

(1) Élu par le représentant du roi aux États.
(2) *Arch. dép.*, Assiettes d'Agde, 1745-1759.

vérifiait la perception des impôts encaissés par les receveurs et procédait à la clôture de tous les comptes. Il s'intéressait aussi, selon les besoins, aux progrès de l'art
agricole : « Mgr l'Evêque a dit que les Etats derniers ont
délibéré de permettre aux diocèses qui le jugeraient à propos d'établir des pépinières de mûriers pour être distri-
buées gratuitement aux particuliers... Comme il importe
d'aller en avant, il a pris des mesures pour faire louer à
Saint-Chinian un grand jardin qui est enclos de murs où
on pourra semer la graine. Mgr l'Evêque a ajoûté qu'il a
choisi le lieu de Saint-Chinian parce que cela sera sous ses
yeux, qu'il sera en état d'y veiller » (1). L'Evêque était
beaucoup aidé par le syndic qui ne faisait rien sans son
ordre. Ce fonctionnaire était en quelque sorte le pouvoir
exécutif de l'assiette. C'est lui qui en faisait exécuter les
délibérations, transmettait à qui de droit les sommes que
le receveur en exercice fournissait sur le mandat de l'évêque. Il représentait celui-ci dans différentes affaires d'ordre
judiciaire et présentait les requêtes aux tribunaux et au
conseil du roi. Il fournissait aux syndics-généraux les renseignements nécessaires sur toutes sortes d'objets. L'on
peut dire que son activité s'étendait à toutes les branches
de l'administration; il la dépensait au nom de l'évêque
dont il dépendait. Une foule de libelles qui annoncent la
Révolution attaquaient avec passion l'influence envahissante de ce fonctionnaire épiscopal qu'ils appelaient « l'âme
et l'organe » (2) de l'assiette. Ils lui reprochaient de se
vouer aveuglément au service de l'évêque, comme le faisaient les syndics généraux à l'égard de l'archevêque de
Narbonne, président des Etats, et de pratiquer l'art de la
flatterie pour s'assurer son élection,

(1) Arch. dép. Assiettes de Saint-Pons, 1759.
(2) De l'Adm. dioc. en Lang. 1789. — Bib. ville Montpellier.

Ce qui est sûr c'est que rien ne se faisait, dans l'administration diocésaine, sans le syndic et que lui-même ne faisait rien en dehors du contrôle de son évêque. Pendant l'année, les affaires s'expédiaient, au nom de l'assiette par un bureau qui se composait de l'évêque, d'un baron, de l'officier de justice, du maire et des consuls de la ville capitale. Or, il faut noter, que l'assiette, avant de se séparer avait soin de confirmer l'omnipotence de l'évêque par cette formule consacrée : « A été délibéré que s'il arrivait aucune affaire pendant le cours de l'année, Monseigneur est très humblement supplié de nommer telle personne qu'il lui plaira pour en faire les poursuites. » On conçoit bien de quelle force l'évêque disposait dans l'administration générale. Sans doute, il rendait compte chaque année de ses opérations devant l'assemblée qu'il présidait; mais c'était avec l'assurance de n'être point contredit. Et, en effet, l'on ne voit pas dans les procès-verbaux du xviiie siècle qu'il l'ait jamais été.

L'Evêque était le défenseur naturel de ses diocésains soit aux Etats, soit à la Cour. En 1748, la province du Languedoc avait permis au diocèse de Lodève un emprunt de 12000 liv. pour la construction d'un pont, somme insuffisante. « Heureusement, dit le procès-verbal de l'assiette », notre président (Mgr de Souillac) toujours attentif au bien « de son diocèse a pris la peine de solliciter vivement les Etats de nous faire accorder quelque chose... Les représentations de ce digne prélat ont opéré ce que le diocèse pouvait désirer de plus favorable »(1).

En 1755, le syndic du même prélat « a représenté que la « rigueur de l'hiver dernier et les gelées ont fait mourir les oliviers, le blé et la vigne... qu'il serait nécessaire de sup-

(1) *Arch. dép.* Proc. verb. des assiettes de Lodève, 1759.

plier Monseigneur l'Evêque de s'interposer auprès de Monseigneur l'Archevêque de Narbonne et MM. les députés à la Cour pour les prier de nous faire part de leur crédit pour obtenir de la charité du Roi une indemnité dans le cahier des doléances, comme aussi de supplier mondit Seigneur l'Evêque de s'intéresser auprès de M. Trudaine, ministre d'Etat, pour le prier de nous accorder sa protection... » (1)

Ainsi aux assiettes comme aux Etats, le Clergé du premier ordre se trouvait à la tête du mouvement administratif et entretenait des relations suivies avec le gouvernement ou avec ceux qui le représentaient. Et parce que l'administration en Languedoc se personnifiait dans les deux Assemblées des Etats et de l'assiette il est juste de conclure qu'elle se trouvait toute entière entre les mains de l'Episcopat. Cette situation souleva, vers 1789, les plus violentes critiques. Les amis et les défenseurs ne manquaient pas, sans doute, aux Evêques du Languedoc, mais les ennemis de leur autorité et de leurs privilèges lancèrent contre eux les factums les plus passionnés.

A l'ouverture des Etats de cette province qui furent les derniers, un capitoul de Toulouse nommé Senovert (2). déplorait l'impuissance des barons et en particulier celle du Tiers-Etat qu'il représentait « foulé, dédaigné », mais décidé à saisir un pouvoir que ses vertus et ses lumières lui méritaient. L'orateur ne parlait pas de détruire les institutions de la province, mais il réclamait une diminution de la puissance administrative des Evêques au profit des gens du troisième ordre.

(1) Proc. verb. des assiettes de Lodève, 1759.

(2) « Discours prononcé par Senovert, capitoul de Toulouse, à l'ouverture des Etats du Languedoc, 3 nov. 1788. — Biblioth. ville de Montpellier.

La noblesse de Toulouse, à son tour, dans un mémoire (1) publié en 1789, reprenait pour son propre compte les attaques passionnées du capitoul Senovert. Elle se plaignait que le Clergé du premier ordre entrât seul aux Assemblées à l'exclusion des simples prêtres, qu'il y accaparât toute l'administration et que s'entourant de mystères, dans les commissions, il eût toujours veillé à la laisser complétement ignorer du peuple : « Ce sont des évêques, disait-elle, qui « règlent, à leur gré, les charges publiques dont ils ne por-« tent pas le fardeau » — « Ce chemin, écrivait un auteur « anonyme (2), ce pont ordonné par un Evêque dans son « diocèse, construit, réparé à des frais excessifs, n'est-il « pas plus souvent battu par l'équipage et le fracas des six « chevaux du prélat qu'il n'est frayé par le misérable attelage du paysan agriculteur ? » Un autre, plus violent sinon plus injuste encore, lançait la diatribe suivante : « Vous « ne cesserez point de trembler prosterné devant vos évê-« ques, devant des hommes que la nature vous a donnés « pour frères, que la religion vous a consacrés pour vos « pères et qui n'ont abandonné ces droits vraiment divins « que pour usurper un insupportable empire ! Vous serez « non des hommes, non des citoyens, mais les esclaves « d'un Archevêque de Narbonne ! Des Evêques vous comp-« teront par diocèses comme de vils troupeaux qui lui « appartiennent; et dans votre indigence et votre abjection, « ces hommes, les maîtres absolus du profane et du sacré, « abusant de tous deux nous offriront pour vous insulter le « spectacle de leurs vices. — Verra-t-on longtemps encore

(1) Mémoire de la noblesse des diocèses de Toulouse sur le droit qu'on les trois ordres de former les Etats du Languedoc, 1789. — Biblioth. ville Montpellier.

(2) Réflexions sur l'administration des Etats du Languedoc, 1788. — Biblioth. ville Montpellier.

« le Tiers-État n'apporter dans son Assemblée Nationale que
« le lâche silence de la servitude »?

Ces critiques extrêmement violentes, bien proches de
l'injustice, sont certainement erronées à plusieurs points
de vue; mais elles confirment la vérité de notre observation :
L'administration générale, en Languedoc, résidait entre les
mains du Clergé du premier ordre. Fut-elle bienfaisante ou
plutôt nuisible ? Ce serait un autre sujet fort intéressant.
Nous croyons qu'elle a été plutôt bienfaisante que nuisible,
et que, grâce à l'intelligence et à la vigueur de l'Épiscopat,
notre province a subi moins d'oppressions de la part du
Pouvoir Central que les autres pays d'États de la France. —
Toutefois, ce qui est certain, c'est que l'Ancien Régime
avait fait son temps, à la fin du XVIIIe siècle. Il était devenu
insupportable et même odieux, et comme l'Évêque y prenait une place prépondérante c'était lui surtout, — non
pas le prêtre, mais l'homme féodal, — qui subissait le com-
plet discrédit qui atteignait les anciennes institutions de
notre pays. La religion, malgré tant d'attaques, n'était point
destinée à la ruine, dans l'esprit des pamphlétaires ; ils n'en
voulaient qu'à ses représentants dont le caractère laïque
avait rabaissé, disaient-ils, le caractère religieux. Ceux que
la pression n'aveuglait pas avouaient qu'autrefois l'Épiscopat avait mérité de posséder la direction des affaires, puisqu'il formait le corps le plus éclairé, et que, le mot de Clergé
étant devenu synonyme de celui de science, il était juste
et naturel que la science jugeât l'ignorance. Il leur paraissait
que l'influence des Évêques dans les choses civiles et politiques avait été un grand bonheur pour l'humanité, comme
l'ont remarqué plusieurs savants historiens. Mais ils obser-
vaient que la diffusion des lumières, accomplie par l'Église
elle-même, avait établi d'abord un équilibre entre le monde
laïque et le monde ecclésiastique ; puis, avec le temps, avait

créé, dans l'esprit de la bourgeoisie, le désir de mettre ses connaissances au service du peuple ; enfin, de dominer et de participer réellement au gouvernement politique du pays. A ce moment d'évolution, il est évident que la prépondérance des Evêques devait subir une éclipse totale et disparaître, pour laisser la place à une nouvelle puissance qui voulait se montrer et prendre la première place. La Révolution était inévitable.

VU ET PERMIS D'IMPRIMER :

Montpellier, le 12 novembre 1906.

Le Recteur :
ANT. BENOIST

Lu :

Le 8 novembre 1906

Le Doyen
P. GACHON

BIBLIOGRAPHIE

IMPRIMÉS (BIBLIOTHÈQUE DE LA VILLE DE MONTPELLIER).

Mémoires pour servir à l'histoire du Languedoc, par feu M. DE BASVILLE, intendant de cette province, 1 vol. 1735.

Traité des droits Seigneuriaux et des matières féodales, par M. Noble François DE BOUTARIC, professeur de droit français de l'Université de Toulouse 1775.

Mémoire que l'assemblée des États Généraux du Languedoc a délibéré le 31 décembre 1779, de présenter au roi sur l'article vingtième des instructions de S. M. à MM. les commissaires aux dits États. 1780.

Éclaircissements historiques sur les États Généraux de France considérés dans leur rapport avec le Languedoc, par le Marquis DE SAINT-MAURICE 1788.

États du Languedoc, par TROUVÉ, 1818, 2 vol.

L'Ancien Régime et la Révolution, DE TOCQUEVILLE, 1870.

Mémoires de l'Académie de Toulouse, 1 vol. 1857-1858.

Le dernier président des États du Languedoc, 1868, par Louis AUDIBERT.

États du Languedoc, par BÉCHARD, 1874.

Les Origines de la France contemporaine : l'Ancien Régime, 1878, TAINE.

Les États de l'administration du Languedoc spécialement sous Louis XIV, par le vic. DE MEAUX.

L'Instruction primaire en France avant la Révolution, par l'abbé ALLAIN, 1881.

Mémoires des Intendants sur l'État des généralités dressés pour l'instruction du duc de Bourgogne, publiés par BOISLILLE.

De l'Administration du Languedoc, avant 1789, par Pierre VIALLES, 1889.

Les cœurs et doléances du Languedoc en 1789, par J. SAUTRIOT, 1889.

Histoire administrative de Languedoc, par C. MONIN.

DOCUMENTS MANUSCRITS DES ARCHIVES DÉPARTEMENTALES
DE MONTPELLIER

Intendance : C. 864, 806, 891 à 895, 1511, 1714, 1750, 3283 à 3383, 3611 à 3619, etc.

(Les liasses de ces numéros renferment bien des documents relatifs aux relations des évêques avec les Intendants).

Procès-verbaux : 1º des États du Languedoc ; 2º des Assiettes de plusieurs diocèses.

Fonds de l'évêché : Officialité (Cassettes), Registres des visites pastorales ; Délibérations du clergé,

Chapitre cathédral : Registres de délibérations du XVII et XVIIIᵉ siècle.

Archives de l'Hôpital-Général de Montpellier. — B. 139 à 200.

(Les liasses de ces numéros renferment bien des documents relatifs aux droits féodaux des évêques).

Montpellier. — Imprimerie de la Manufacture de la Charité.